Mathias Fischedick

Mehr schaffen, ohne geschafft zu sein

PIPER

Zu diesem Buch

Egal, wer wir sind, unser Tag hat immer nur 24 Stunden. Daran verändert kein noch so ausgeklügelter Zeitplan etwas. Dennoch erledigen wir in manchen Stunden mehr als in anderen. Das hat mit unserem jeweiligen Energielevel zu tun, welches sich stark auf unsere Leistungsfähigkeit auswirkt. Je mehr Energie wir haben, desto mehr schaffen wir in kürzester Zeit. Erinnern wir uns nur mal daran, wie wir uns fühlen, wenn wir frisch verliebt sind. Wir strotzen nur so vor Energie, kommen mit wenig Schlaf aus, haben viele neue Ideen und schweben durch den Tag. Was wäre, wenn wir ab sofort ganz bewusst einen ähnlich energetischen Zustand erreichen können, wann immer wir möchten? Das ist tatsächlich möglich, lesen Sie selbst!

Mathias Fischedick, 1970 in Essen geboren, ist diplomierter Mental- und Systemischer Coach. Dank seiner früheren Führungspositionen bei internationalen Medienkonzernen weiß er, was nachhaltige Mitarbeitermotivation, kreative Lösungsfindung und klare Kommunikation bedeuten. Seit über zehn Jahren unterstützt er seine Klientinnen und Klienten dabei, beruflich und privat eine größere Zufriedenheit zu erreichen. Mathias Fischedick lebt in Köln.

Mathias Fischedick

MEHR SCHAFFEN OHNE GESCHAFFT ZU SEIN

Mit der Powerstrategie zu mehr Ausgeglichenheit und Erfolg

Mit 17 Abbildungen

PIPER

Mehr über unsere Autoren und Bücher:
www.piper.de

Von Mathias Fischedick liegen im Piper Verlag vor:
Wer es leicht nimmt, hat es leichter
Überleben unter Kollegen
Mehr schaffen, ohne geschafft zu sein

Inhalte fremder Webseiten, auf die in diesem Buch (etwa durch Links) hingewiesen wird, macht sich der Verlag nicht zu eigen. Eine Haftung dafür übernimmt der Verlag nicht.

MIX
Papier aus verantwortungsvollen Quellen
FSC® C083411

Originalausgabe
ISBN 978-3-492-31772-6
Mai 2021
© Piper Verlag GmbH, München 2021
Umschlaggestaltung: FAVORITBUERO, München
Umschlagabbildung: Martina Frank, München (vorn), Martin Reinl (hinten)
Abbildungen Innenteil: Martin Reinl, Mathias Fischedick
Satz: Eberl & Kösel Studio GmbH, Krugzell
Gesetzt aus der Raleigh LT
Druck und Bindung: CPI books GmbH, Leck
Printed in the EU

Kein Mensch ist so beschäftigt, dass er nicht die Zeit hat, überall zu erzählen, wie beschäftigt er ist.

Robert Lembke, deutscher Journalist und Fernsehmoderator

Inhaltsverzeichnis

TEIL 3
Die Powerstrategie im Alltag 177

Vorwort

» Alles ist möglich!«

Diese Aussage war nie treffender als heute. Dank der Digitalisierung ist die Welt ein Dorf geworden, und jeder von uns kann durch die moderne Technik mehr erreichen in immer kürzerer Zeit. Der Haken bei der Sache: Aufgrund der nahezu unbegrenzten Möglichkeiten steigen auch die Erwartungen, die wir an uns selbst stellen und die andere an uns haben.

Unser Idealbild: Wir alle arbeiten unsere Aufgaben im Job mit spielerischer Leichtigkeit weg und schütteln uns nebenbei noch ein paar Ideen aus dem Ärmel, wie wir und unser Unternehmen noch erfolgreicher werden.

Nach Feierabend wollen wir natürlich auch noch perfekte Eltern sein, die mit den Kindern viel gemeinsam unternehmen, sie in mindestens fünf Sportarten fördern, zu Musikstunden, Bastelunterricht und anderen Aktivitäten fahren, sie bei den Hausaufgaben unterstützen und dafür sorgen, dass die Kids bei allen Schulprojekten ganz vorne mit dabei sind.

Dass wir der perfekte Lebenspartner sind, gehört selbstredend zu den Mindestanforderungen, und so müssen wir irgendwo auch noch romantische Dates reinquetschen und Zeit für unsere Freundin oder unseren Freund finden.

Hobbys brauchen wir selbstverständlich auch, um in der hippen, aktiven Welt von heute angesagt zu sein. Montags Spanisch, dienstags Zumba, mittwochs Lesezirkel, donnerstags Poledance, freitags Tennis und am Wochenende Golf.

Bei den neuesten Serien im Free-TV und bei Netflix & Co. wollen wir ebenfalls mitreden können, also müssen die auch irgendwann geschaut werden. Dazu sollten wir noch die angesagtesten Podcasts kennen, und auch das eine oder andere Buch aus den Bestsellerlisten muss gelesen werden.

Außerdem gehören zahlreiche Reisen und Ausflüge zum Pflichtprogramm, wenn wir etwas hermachen wollen. Man lebt schließlich nur einmal! Und nur das, was wir auf Instagram und Facebook gepostet haben, hat ja auch tatsächlich stattgefunden. Also füllen wir die letzten freien Minuten des Tages noch mit Social-Media-Posts, mit denen wir unser Leben dokumentieren. Nicht nur für uns, sondern auch für die Freunde und Kollegen, denen wir zeigen wollen, dass wir erfüllt, glücklich und zufrieden sind.

Die Wahrheit

In Wahrheit sind wir alles andere als die strahlenden, kraftvollen, modernen Menschen, die wir auf Facebook und Instagram versuchen darzustellen. Wir sind ausgelaugt, erschöpft und überfordert. Es ist viel zu viel auf unseren To-do-Listen, was wir erledigen müssten beziehungsweise wollen.

Dieses Problem ist uns bewusst, und wir suchen händeringend nach Lösungen, um in immer weniger Zeit immer mehr zu schaffen. Dabei machen wir einen kardinalen Denkfehler.

Welcher das ist und wie wir dagegen angehen können, darum geht es in diesem Buch.

Ich möchte dir einen neuen Weg zeigen, wie du mehr schaffen kannst, ohne geschafft zu sein, der nichts mit Zeitmanagement im klassischen Sinne zu tun hat.

Vielleicht bist du gerade darüber gestolpert, dass ich dich einfach geduzt habe. Es ist das erste meiner bisher vier Bücher, in dem ich meine Leser nicht sieze. Der Grund: Für mich passt das »Du« mehr in die moderne Zeit, und außerdem soll dieses Buch dir das Gefühl eines persönlichen Gesprächs geben, was für mich eher durch diese persönlichere Ansprache gelingt. Aus Gründen der Augenhöhe darfst du mich natürlich auch duzen, wenn wir uns mal im echten Leben treffen oder miteinander telefonieren sollten.

Ich wünsche dir jetzt eine spannende Lektüre mit vielen neuen Erkenntnissen.

Mathias Fischedick, Frühjahr 2021

Der Denkfehler

Was ist nun also die Lösung, um mehr in weniger Zeit zu schaffen?

Das richtige Zeitmanagement!

Wenn wir nur die richtigen Apps, Planer und andere Tools haben, wir unser Leben von morgens bis abends tracken und analysieren und jeden Tag unsere Zeit noch etwas raffinierter verplanen, dann werden sich irgendwann alle Puzzleteile zusammenfügen, und wir schaffen endlich alles das, was wir uns vorgenommen haben.

Das klingt logisch, oder?

Leider steckt in diesem Ansatz ein großer Denkfehler: Wir übersehen dabei, dass wir je nach unserer aktuellen Verfassung dieselben Dinge mal schneller, mal langsamer und in einer anderen Qualität erledigen. Wenn wir motiviert und ausgeruht agieren, schaffen wir bessere Ergebnisse in kürzerer Zeit, als wenn wir die Sache frustriert und erschöpft angehen. Bei einer starren Zeitplanung tun wir aber so, als wären wir Maschinen, die in jedem Moment die exakt gleichen Resultate liefern können. Das sind wir aber nicht, wir sind menschliche Wesen mit Gefühlsschwankungen, einem Biorhythmus, einer Tagesform und vielen anderen veränderlichen Faktoren, die sich auf unsere Leistungsfähigkeit und damit auf unsere Effizienz auswirken.

Daher ist es in meinen Augen wesentlich zielführender, am Energiemanagement zu arbeiten, als am Zeitmanagement. Je energetischer, freudvoller und motivierter du deinen Job erledigst, desto schneller bist du fertig und hast zudem noch Kraft, um Spaß mit deiner Familie zu haben, anstatt nach Feierabend erschöpft aufs Sofa zu fallen. Ein größerer Energievorrat hilft dir auch, bei deinen Hobbys mehr Erfolgserlebnisse zu haben, im Haushalt schneller voranzukommen und viele andere Dinge zu schaffen, ohne geschafft zu sein.

Wenn du durch das richtige Energiemanagement mehr erreichst, beflügelt dich das zusätzlich, und anstatt auszubrennen, gewinnst du noch mehr Energie dazu.

Energiemanagement bedeutet auch, wegzugehen vom sturen Abarbeiten der To-dos, die uns von außen aufgetragen werden, hin zur Reflexion, wie wir unseren Aufgaben einen größeren Sinn geben. Dadurch bekommen unsere Tätigkeiten eine stärkere Bedeutung für uns, und auch das gibt uns neue Energie.

Deine Zeit ist begrenzt, deine Energie kannst du steigern

Zeit macht uns alle gleich. Egal, wer wir sind, egal, wie reich oder alt, wo wir leben und wie wir leben – unser Tag hat immer nur 24 Stunden. Das verändert kein noch so ausgeklügelter Zeitplan.

Deinen Energielevel kannst du dagegen bewusst immer wieder heben und so diese Ressource steigern. Je mehr

Energie du hast, desto mehr schaffst du in kürzester Zeit. Erinnere dich nur mal daran, wie du dich fühlst, wenn du über beide Ohren verliebt bist. Du strotzt nur so vor Energie, kommst mit wenig Schlaf aus, du hast viele neue Ideen und schwebst wie auf Wolken durch den Tag. Stell dir vor, du könntest ab sofort ganz bewusst einen ähnlich energetischen Zustand erreichen, wann immer du möchtest. Das ist tatsächlich möglich, und wie das geht, zeige ich dir in diesem Buch.

Mythos Multitasking

»Mathias, du hast eine wichtige Sache vergessen beim Thema Zeitmanagement: das Multitasking. Wenn man mehrere Dinge gleichzeitig macht, dann schafft man doch auch mehr!«

Vielleicht hattest du eben beim Lesen diesen Gedanken. Ich kenne einige Menschen, die davon überzeugt sind, dass sie viel wegschaffen, wenn sie während des Telefonierens parallel Mails beantworten, während im Hintergrund noch das Radio oder der Fernseher läuft, sodass sie die neuesten Nachrichten mitbekommen.

Dass Multitasking funktioniert, ist ein Irrglaube! Unser Gehirn kann immer nur eine bewusste Tätigkeit gleichzeitig ausführen. Wenn du versuchst, beim Telefonieren gleichzeitig eine E-Mail zu beantworten, springt in Wirklichkeit deine Aufmerksamkeit immer hin und her zwischen Mail und Telefonat. Du erledigst also nicht beides parallel, sondern es ist ein schneller Wechsel zwischen beiden Tätigkeiten. Jeder dieser unzähligen Aufmerksamkeitssprünge kostet Energie und auch Zeit. Das heißt, in Summe verbrauchst du mehr Zeit, als wenn du beide Tätigkeiten nacheinander ausgeführt hättest. Außerdem produzierst du beim Versuch des Multitaskings mehr Fehler. Diese zu korrigieren kostet noch weitere Zeit ... von der du eh zu wenig hast.

Multitasking funktioniert nur, wenn eine der gleichzeitig ausgeführten Tätigkeiten unbewusst ablaufen kann. Gehen zum Beispiel ist so eine Tätigkeit. Diesen Bewegungsprozess haben wir so sehr verinnerlicht, dass er von ganz alleine funktioniert. Dadurch haben wir Hirnkapazitäten frei, um gleichzeitig auf dem Handy zu telefonieren, zu schauen, was in der Schaufensterauslage liegt, oder dem vorbeirasenden Radler einen Vogel zu zeigen. Sobald wir aber stolpern, weil wir eine Stufe oder ein anderes Hindernis übersehen haben, schalten wir automatisch um und steuern zumindest für die nächsten Schritte unseren Gang bewusst, bis wir uns wieder sicher fühlen. Im Moment des Stolperns stoppen wir automatisch die andere, parallele Tätigkeit. Wir hören also zum Beispiel auf zu reden, oder unser Blick geht vom Schaufenster auf den Boden, um zu erkennen, worüber wir gestolpert sind.

Dieses Beispiel zeigt ganz deutlich: Du kannst nicht mit deiner Aufmerksamkeit gleichzeitig bei zwei Tätigkeiten sein.

Was bedeutet: Echtes Multitasking ist ein Mythos und schenkt dir keine Zeit, sondern raubt sie dir sogar und verschwendet gleichzeitig Energie. Ein erster kleiner Schritt, mit deiner Energie bewusster umzugehen, könnte also sein, nicht mehr zu versuchen, mehrere Dinge gleichzeitig zu erledigen, sondern sie konzentriert und fokussiert nacheinander zu machen.

Stimmt deine Energiebilanz?

Bevor wir uns anschauen, wie du mehr Energie gewinnst, um mehr zu schaffen, möchte ich gerne mit dir zusammen einen Blick auf deine aktuelle Energiebilanz werfen. Bist du im Plus und gehst jetzt schon gut mit deinen Ressourcen um, oder bist du bereits tief im Minus und solltest dringend dein Energiemanagement optimieren?

Um das festzustellen, markiere bitte alle der folgenden Statements, die auf dich zutreffen:

❑ Ich schlafe oft weniger als acht Stunden und bin nach dem Aufwachen müde.

❑ Ich achte nicht auf meine Ernährung, Hauptsache, das Essen geht schnell.

❑ Ich bewege mich sehr wenig und treibe nur selten Sport.

❑ Ich gönne mir keine regelmäßigen Pausen.

❑ Ich fühle mich oft gereizt oder ängstlich und bin häufig ungeduldig.

❑ Ich habe nicht genug Zeit für meine Familie und Freunde. Und wenn ich mit ihnen zusammen bin, sind meine Gedanken woanders.

❑ Ich habe zu wenig Zeit für die Dinge, die ich gerne mache.

❑ Ich nehme mir nur selten Zeit, um mir bewusst zu machen, was ich alles schon erreicht habe, oder um anderen Wertschätzung zu zeigen.

❑ Ich habe Schwierigkeiten, mich auf eine Sache zu fokussieren, und lasse mich leicht ablenken.

❑ Ich verbringe meinen Tag vor allem damit, auf aktuelle Probleme und Herausforderungen zu reagieren. Für langfristige Ziele und wichtige Projekte habe ich nur wenig Kapazitäten.

❑ Ich nehme mir zu wenig Zeit, um über mich selbst zu reflektieren oder strategisch und kreativ zu denken.

❑ Ich arbeite bis spätabends und manchmal auch an Wochenenden. Ich bin fast immer per Mail oder Handy erreichbar.

❑ Ich investiere zu viel Zeit und Energie in Tätigkeiten, die ich unwichtig finde.

❏ Meine Entscheidungen werden stärker durch äußere Einflüsse bestimmt als durch meine eigenen Wünsche und Ziele.

❏ Ich investiere zu wenig Zeit, um das Leben anderer schöner zu machen oder um die Welt in einen besseren Ort zu verwandeln.

Auswertung
Wie viele der Statements treffen auf dich zu?

0–3: Deine Energiebilanz sieht hervorragend aus!
4–7: Deine Energiebilanz hat ein gutes Niveau.
8–11: Deine Energiebilanz könnte besser sein.
12–15: Deine Energiebilanz braucht dringend eine Optimierung.

Wenn du zwischen null und drei Punkten liegst, dann könnest du das Buch genau jetzt schließen und weglegen. Mein Tipp ist aber: Lies es trotzdem, damit du für schlechtere Zeiten vorbereitet bist beziehungsweise damit es durch dein neues Wissen gar nicht zu schlechteren Zeiten kommt.

Wenn du bei deiner Analyse schlechter abgeschnitten hast, dann ist meine Bitte: Lass dir Zeit beim Lesen und Umsetzen der Inhalte. Je bewusster und gewissenhafter du es machst, desto deutlicher wirst du den Unterschied spüren.

Lass uns damit beginnen, was dir überhaupt Energie gibt und was sie dir raubt. Auf der nächsten Seite geht es los.

TEIL 1
Dein Treibstoff

Was schenkt dir Energie, und was raubt sie dir?

So verschwendest du deine Energie

Wir sind wahre Meister darin, unsere Tage mit Aufgaben zu füllen, die viel Energie verbrauchen. Was wir dabei zu selten bedenken: Wo soll die Kraft herkommen, die wir benötigen, um all das zu erledigen, was bei uns auf dem Plan steht? Ohne Treibstoff in deinen Tanks wirst du nicht weit kommen. Deshalb ist es sinnvoll, dir bewusst zu machen, wodurch du im Alltag Energie tanken kannst.

Lass uns aber zunächst schauen, welche Lecks du vielleicht im Tank hast, durch die du Kraftstoff verlierst und dich so selber ungewollt schwächst.

Du kennst das Gefühl: Du bist abends total erschöpft und mit deinen Kräften am Ende. Das liegt zum einen daran, dass du die Energie, die du am Morgen hattest, über den Tag verbraucht hast, um viel zu erledigen. Was dir aber vielleicht nicht bewusst ist: Du verschwendest ungewollt viel deiner Power vollkommen sinnlos. Diese fehlt dir dann an den wirklich wichtigen Stellen.

Deswegen werfe ich mit dir zusammen auf den nächsten Seiten einen Blick auf drei typische »Energielecks« und gebe dir Tipps, wie du sie schließen kannst.

Energieverschwender #1: Zu viele Reize

Von dem Moment, an dem wir morgens die Augen öffnen, bis zu der Sekunde, in der wir sie abends schließen, werden wir von Reizen überflutet. Nachrichten auf dem Handy im Minutentakt sowie News und Werbung in Radio, Fernsehen, Internet, Zeitschriften, auf Plakatwänden und digitalen Anzeigetafeln. Dazu noch Anrufe, Mails und Briefe, die auf uns einprasseln. Außerdem möchte uns die Familie noch jede Menge wichtiger Dinge mitteilen, und auch Freunde und Kollegen buhlen um unsere Aufmerksamkeit.

Wir glauben, dass wir uns daran gewöhnt haben, ständig mit neuen Informationen bombardiert zu werden, und dass es uns nichts ausmacht. Wir gieren sogar danach, immer auf dem neuesten Stand zu sein, was auf der Welt und in unserem direkten Umfeld los ist. Doch es gibt einen Haken bei der Sache: Unser Gehirn ist nicht für diese hohe Reizdichte gemacht. Wenn du eines meiner anderen Bücher gelesen hast, dann weißt du schon, dass wir mit einem steinzeitlichen Gehirn in einer modernen Welt leben. Die Evolution geht so langsam vonstatten, dass unsere grauen

Zellen sich noch lange nicht an das Feuerwerk von Reizen gewöhnt haben, dem wir heute ausgesetzt sind.

Unser Gehirn ist vielmehr noch fast in demselben Modus, in dem es war, als unsere Vorfahren in Höhlen gelebt haben und jeden Tag um das nackte Überleben kämpften. In dieser Zeit gab es wenig neue Reize, und wenn sie doch auftraten, hatten sie oft eine lebenswichtige Bedeutung. Das plötzliche Grollen eines Vulkans, der Geruch von Feuer, ein unbekanntes Wesen, das sich näherte, eine Frucht, die noch keiner vorher entdeckt hatte, ein Beutetier in der Ferne, das Plätschern von Wasser. All das waren essenzielle Sinneseindrücke für unsere Vorfahren, da sie entweder lebensbedrohliche Gefahr oder leichteres Überleben bedeuteten.

Jedes Mal, wenn eine neue Information unser Bewusstsein erreicht, löst das deswegen auch heute noch einen kleinen positiven Kick in uns aus. Dieser Impuls geht von einem bläulichen Kern namens *Locus coeruleus* im Hirnstamm aus. Er sorgt dafür, dass der Botenstoff Noradrenalin freigesetzt wird. Dieses Hormon lässt den Blutdruck steigen und das Herz schneller schlagen. Gleichzeitig erhöht sich unsere Wahrnehmung, und wir fühlen uns wacher. Wenn der auslösende Reiz nicht bedrohlich für uns ist, wird nur wenig Noradrenalin ausgeschüttet. Das empfinden wir als ein angenehmes, anregendes Gefühl, wie kribbelnde Spannung. Wenn wir dagegen den neuen Reiz als gefährlich einstufen, wird eine größere Dosis des Hormons freigesetzt, was bei uns eine Stressreaktion provoziert, die auch in Furcht umschlagen kann.

»Ab und zu ein kleiner Kick, ein kurzer Nervenkitzel, ist doch gar nicht schlecht, um neuen Schwung zu bekommen!«, denkst du jetzt vielleicht. Leider hat jede Dosis von

Noradrenalin auch den Effekt, dass wir uns schlechter auf eine Sache fokussieren können. Auch das war in der Steinzeit überlebenswichtig. Haben unsere Urahnen ein unbekanntes Geräusch gehört, war es essenziell, dass sie sofort in Alarmbereitschaft waren und jedes weitere Geräusch, jeden Geruch, jede optische Veränderung bemerkt haben. Denn all das waren wertvolle Indizien für eine drohende Gefahr, auf die sie sich dann vorbereiten konnten.

Heute macht uns diese automatische Sensibilisierung unserer Wahrnehmung das Leben nicht leichter, sondern schwerer. Denn dadurch sind wir noch empfänglicher für neue Reize, die uns immer weiter ablenken.

Ein Beispiel: Du möchtest gerade eine wichtige Mail schreiben. Da vibriert und »pingt« dein Smartphone. Dieser neue Reiz sorgt dafür, dass Noradrenalin ausgeschüttet wird. Du spürst diesen kleinen »Kick«, und dein Fokus geht weg von der Mail hin zu deinem Handy. Du schaust, was für eine Nachricht gekommen ist, und liest sie. Dadurch, dass nun dein Fokus verloren gegangen ist und du durch das Noradrenalin offener für neue Reize bist, legst du das Handy nach dem Lesen nicht weg, sondern dir fallen noch andere neue Meldungen auf, die sich angesammelt haben. Diese liest du ebenfalls, stolperst dabei vielleicht noch über eine Werbung für ein Sonderangebot oder ein neues Produkt, das du dir auch gleich anschaust. Wenn du dadurch nun sowieso schon im Web unterwegs bist, schaust du schnell noch nach den neuesten Posts in den sozialen Medien oder aktuellen Meldungen auf den News-Seiten. Und schon verschwendest du deine Zeit und Energie mit anderen Dingen als der Mail, die du eigentlich gerade schreiben wolltest.

Dazu kommt noch, dass wir einige Zeit brauchen, um

uns nach einer Ablenkung wieder vollkommen auf unsere ursprüngliche Tätigkeit fokussieren zu können. Forscher haben herausgefunden, dass eine einzige Ablenkung durch unser Handy uns danach acht Minuten kostet, bis wir wieder voll und ganz bei der Sache sind, die wir ursprünglich machen wollten. Doch diese überflüssigen Konzentrationswechsel kosten uns nicht nur Zeit, sondern auch Energie.

So vermeidest du diese Energieverschwendung

Ablenkungen minimieren

Analysiere bei deiner Tagesplanung, welche Aufgaben deine volle Konzentration benötigen. Sorge dafür, dass du während deren Erledigung vor Ablenkungen geschützt bist. Dazu eignen sich zum Beispiel folgende Strategien:

- ✓ Schalte dein Handy in den »Nicht stören«- oder Flugmodus. Noch besser: Lege es zusätzlich außerhalb deiner Sichtweite ab oder drehe es zumindest mit dem Display nach unten, wenn du es in Griffweite behalten möchtest.
- ✓ Aktiviere bei deinem Festnetztelefon die Mailbox/den Anrufbeantworter.
- ✓ Schließe das Mail-Programm auf deinem Computer oder deaktiviere zumindest das automatische Abrufen der Mails. So wirst du nicht durch das ständige Auftauchen neuer Nachrichten abgelenkt.
- ✓ Setze einen Kopfhörer auf, der über eine Noise-Cancelling-Funktion verfügt. Dann wirst du nicht durch Umgebungsgeräusche gestört. Wenn du magst, höre über die Kopfhörer zusätzlich Musik, die dir hilft, dich zu fo-

kussieren. Selbst wenn du keinen Kopfhörer mit Geräuschunterdrückung hast, wird er dich vor Störungen durch Kollegen oder die Familie schützen, da das Tragen deutlich signalisiert: »Ich brauche gerade meine Ruhe!«

✓ Hänge ein Schild an die Tür des Raums, in dem du konzentriert arbeiten möchtest, mit dem Hinweis: »Bitte nicht stören. Ich bin ab XX Uhr wieder ansprechbar und unterstütze dich dann gerne.«

✓ Versorge dich mit etwas zu trinken und gehe vorsorglich zur Toilette, bevor du loslegst. Durst und eine drückende Blase lenken dich ansonsten zu leicht ab.

Randzeiten nutzen

Wenn du im Job Ablenkungen durch Kollegen vermeiden willst, dann komm einfach eine halbe Stunde früher als die anderen. In dieser »Ruhe vor dem Sturm« kannst du dann ungestört und fokussiert einiges wegschaffen.

Das Gleiche gilt, wenn du zu Hause Dinge ohne Störung erledigen möchtest: Steh etwas früher auf als der Rest der Familie oder gehe etwas später ins Bett. Diese Zeit ist dann deine »Me-Time«, in der du deine Energie fokussiert für die Dinge nutzen kannst, die dir wichtig sind.

Hier noch zwei vielleicht etwas ungewöhnliche Tools, die dir helfen, dich leichter zu fokussieren:

 Tool »Kritzel-Fokussierung«

Wenn du über eine Sache nachdenken möchtest, für die du deine volle Konzentration brauchst, dann kritzel einfach währenddessen mit einem Stift auf einem leeren Blatt Papier herum. Dieses gedankenverlorene Krickeln hilft dir, die Umwelt auszublenden, da du einen visuellen Reiz hast, auf den du dich fokussieren kannst. Dadurch können deine Gedanken ungestört fließen, und du kommst schneller auf Ideen und Lösungen. Ganz nebenbei erschaffst du auch noch »Kritzel-Kunstwerke«. Das ist einer der seltenen Fälle, in denen Multitasking wirklich funktioniert …

Tool »Zehenwackler«

Sollte es dir schwerfallen, nach einer Ablenkung deinen Fokus wieder auf die ursprüngliche Aufgabe zu lenken, dann wackle mit beiden großen Zehen gleichzeitig.

Warum das hilft? Na ja, es ist gar nicht so einfach, beide großen Zehen gleichzeitig zu bewegen, und deshalb bedarf das deiner vollen Konzentration. Dadurch gehst du mit deiner Aufmerksamkeit weg von dem, was dich abgelenkt hat. Der Schritt, deinen Fokus von den Wackelzehen wieder zurück zu deiner eigentlichen Tätigkeit zu lenken, ist dann ein Klacks für dich. Es spielt bei dieser Übung übrigens keine Rolle, ob du Schuhe oder Socken anhast oder barfuß bist.

Energieverschwender #2: Es den anderen recht machen wollen

Wir Menschen sind soziale Wesen. Wir lieben es, in Gemeinschaft zu sein und mit anderen zusammen Spaß zu haben. Wir unterstützen uns und mögen es, Dinge gemeinsam zu bewegen und zu erleben, wir erfreuen uns an der Gemeinschaft.

Tief in uns verwurzelt ist aber auch noch das steinzeitliche Denkmuster »Ich brauche den Schutz der Gruppe, um zu überleben!«. In der Urzeit war das tatsächlich so. Wir brauchten die gebündelte Stärke der Sippe, um uns vor Feinden zu verteidigen, genauso wie das Wissen und die Erfahrung der anderen Mitglieder, um neue Nahrung zu finden und sichere Wege einzuschlagen. Hatten unsere Vorfahren es sich mit der Gruppe verscherzt, wurden sie ausgestoßen. Das war damals das sichere Todesurteil.

In der heutigen, modernen Welt können wir auch als Single gut überleben und sind nicht mehr so abhängig von der Unterstützung unseres nächsten Umfelds. Dennoch tragen wir unbewusst die steinzeitliche Angst in uns, dass wir draufgehen, wenn wir nicht die Sympathien der Gruppe haben. Interessanterweise ist dieser Wunsch nach Akzeptanz durch andere bei Frauen stärker ausgeprägt als bei Männern. Forscher gehen davon aus, dass auch dies seinen Ursprung in den Lebensbedingungen unserer Urahnen hat. Die Männer waren körperlich stärker und damit etwas unabhängiger als die Frauen, was den Selbstschutz und die Jagd nach Nahrung anging.

Ein weiterer Grund, warum du dich eher nach den Bedürfnissen anderer richtest als nach deinen eigenen, könnte deine Erziehung sein. Vielleicht hast du von deinen Bezugspersonen als Kind immer wieder diese oder ähnliche Regeln gesagt oder gezeigt bekommen:

»Nimm dich nicht so wichtig!«

»Du musst immer hilfsbereit und freundlich sein!«

»Es gehört sich nicht, die eigenen Interessen voranzustellen!«

»Du musst für die anderen etwas leisten, um anerkannt zu werden.«

Liebe und Zuneigung hast du als Kind vor allem erfahren, wenn du dich entsprechend diesen Regeln verhalten hast. Zumindest hast du in diesen Fällen keine Strafe zu erwarten gehabt. So hat sich bei dir das Verhaltensmuster entwickelt, möglichst immer zuerst nach den anderen zu schauen.

Vielleicht zweifelst du gerade daran, dass das wirklich so ist, weil du dich frei und unabhängig fühlst. Bist du das wirklich? Wie oft überlegst du, bevor du etwas tust, was die anderen wohl darüber denken werden:

»Darf ich mit meiner neuen Idee direkt zum Chef gehen, oder fühlen sich dann die Kollegen vor den Kopf gestoßen?«

»Wenn ich heute Abend zu Hause bleibe und nicht mit meinen Freunden ausgehe, sind die dann sauer?«

»Sind meine Eltern beleidigt, wenn ich zunächst meine Dinge erledige und mich dann erst um ihre Anliegen kümmere?«

Ich denke, du kennst solche Gedanken. Auch sie zählen zu den unbewussten Energieräubern!

Falls sich jetzt ein Widerstand in dir regt und du denkst: »Wieso Energieräuber? Es ist doch richtig, sich auch Gedanken über die anderen zu machen. Ansonsten wäre man ja ein Egoist!«, so ist meine Antwort darauf ein klares »Jein!«.

Lass uns zunächst einen Blick darauf werfen, warum du Energie verschwendest, wenn du dir ständig Gedanken darüber machst, was die anderen denken:

Stell dir vor, du hast eine Idee oder einen Impuls, etwas zu tun, und bist hoch motiviert. Doch dann aktiviert sich plötzlich die mentale Bremse in deinem Kopf, du überlegst: »Was werden die anderen denken? Darf ich das?«, und dein Schwung ist weg. Du grübelst und zweifelst. Möglicherweise verwirfst du deine Idee allein aus Sorge, dass deine Freunde, die Familie oder die Kollegen etwas dagegen haben könnten. Du versicherst dich noch nicht mal durch ein Gespräch, sondern gibst die Sache lieber direkt auf oder passt deine Idee so an, wie du glaubst, dass es den anderen recht sein könnte.

Durch diese Verhaltensweise verlierst du zum einen deinen Drive. Du gehst deine Aufgaben nicht mehr kraftvoll an, sondern vorsichtig, und kommst dadurch schwerer voran. Zum anderen nutzt du nicht dein Potenzial, wenn du deine Ideen und Ansätze unterdrückst – auch damit beschneidest du dich in deiner Kraft.

Heißt das jetzt, dass du zu einem Egoisten werden musst? Auf keinen Fall! Ich sage nicht, dass du zum größten Egomanen der Welt werden sollst, du sollst einfach nur etwas egoistischer sein als bisher. Genauer gesagt: Nimm dich und deine Ideen und Bedürfnisse wichtiger, als du es bis jetzt getan hast. Das solltest du dir wert sein! Stell dir öfter mal die Frage:

▶ »*Unterstütze ich andere, weil ich es wirklich möchte und es mir Kraft gibt?*«

Wenn es dir wirklich Kraft gibt, die Wünsche anderer vor deine zu stellen, dann bleib dabei.

Hier ist es wichtig, dass du ehrlich zu dir bist: Richtest du dich nach anderen, weil du es wirklich möchtest, oder tust du es, weil du ansonsten ein schlechtes Gewissen hättest? Wenn es dir Energie gibt, andere bei ihren Zielen zu unterstützen, dann mach weiter so. Wahrscheinlich sind dir in diesem Fall Dinge wie Harmonie, Gemeinschaft und Hilfsbereitschaft wichtig.

Ich hatte mal einen Klienten, der in einem meiner Coachings zu der Erkenntnis kam, dass »Dienen« einer seiner größten Werte ist. Ja, du liest richtig! Auch das kann ein Wert sein, der jemandem Kraft gibt. Mein Klient liebt es, in seinem Beruf Kollegen und Kunden so gut es geht zu unterstützen, auch wenn er selbst dabei zurückstecken muss. Das Spannende war bei ihm, dass er privat den Wert »Dienen« nicht ganz oben auf seiner Rangliste hatte, sondern »Freiheit«. In unserer gemeinsamen Analyse erkannte er für sich, dass es genau diese Mischung ist, die ihm Kraft gibt: Im Job dienen und in der Freizeit Freiheit genießen. Er liebt es zum Beispiel, einfach mit dem Fahrrad draufloszuradeln und zu sehen, wohin es ihn zieht.

Wenn es dir Energie nimmt, dich nach anderen zu richten, dann solltest du etwas ändern.

Vielleicht kennst du das von dir: Du ordnest in gewissen Situationen deine Interessen denen anderer unter, und gleichzeitig nervt es dich, dass du dies tust. Das ist der Kampf in dir zwischen der Sehnsucht nach Akzeptanz und dem gleichzeitigen Wunsch nach Selbstverwirklichung. Dieser Kampf verlangt dir einiges an Kraft ab, und deshalb hättest du am liebsten beides gleichzeitig: ohne Gewissensbisse tun, was du wirklich möchtest, und dennoch von den dir wichtigen Menschen geliebt werden!

Jetzt kommt das Paradoxe: Je öfter du dich in der Vergangenheit dafür entschieden hast, deine eigenen Bedürfnisse unterzuordnen, desto mehr hat sich dieses Verhalten als Gewohnheit in deinem Gehirn gefestigt. Und so absurd es klingt: Es gibt dir deshalb ein sicheres Gefühl, wenn du dich unterordnest. Damit kennst du dich schließlich aus, du bist ein Experte im »Es anderen recht machen«. Dieses

Phänomen macht es dir noch schwerer, dein Verhalten zu ändern, wenn du dich im tiefsten Herzen endlich mehr nach deinen Wünschen und Zielen richten möchtest und weniger nach denen anderer. Auf diesem Gebiet hast du einfach noch nicht so viel Erfahrung, und das verunsichert dich unbewusst.

Es ist zum Glück noch nicht zu spät dafür, dass du etwas daran änderst und so zugleich Kraft gewinnst, weil du dich mehr nach deinen Zielen und Bedürfnissen richtest. Die gute Nachricht: Wenn du mehr auf dich achtest, hast nicht nur du selbst etwas davon, sondern auch dein Umfeld. Zum einen wirst du mehr Energie haben, und deine Laune wird sich verbessern. Das werden auch deine Familie, Freunde und Kollegen als positive Veränderung bemerken. Zum anderen wirst du mehr eigene Ideen beisteuern, von denen die anderen ebenfalls profitieren.

So vermeidest du diese Energieverschwendung

Hör auf zu vermuten und frag nach!

Oftmals stecken wir allein schon aus Angst vor dem Missfallen der anderen zurück, ohne zu wissen, ob sie unsere Ideen wirklich nicht mögen. Du denkst in einem solchen Fall vielleicht etwas wie: »Damit brauche ich dem Peter gar nicht erst zu kommen. Der wird mich eh nicht unterstützen.«

Mein Tipp: Bevor du dich das nächste Mal aus vorauseilendem Gehorsam selbst ausbremst, frag doch erst mal bei den betreffenden Mitmenschen nach, wie sie zu deinen Ansätzen stehen. Möglicherweise rennst du damit sogar offene Türen bei ihnen ein. Wichtig finde ich, dass du bei deiner Nachfrage ehrlich bist. Mach nicht auf cool, sondern offenbare deine Unsicherheit. Du könntest zum Beispiel fragen: »Peter, ich habe eine Idee, von der ich überzeugt bin und die ich gerne umsetzen würde. Gleichzeitig ist mir aber wichtig, dass sie dir auch gefällt und du mich vielleicht sogar dabei unterstützt. Darf ich dir meine Gedanken mal vorstellen?«

Nach diesem Intro steigt die Wahrscheinlichkeit, dass dein Gegenüber dir aufgeschlossen zuhört, da du von Anfang an die Karten auf den Tisch gelegt und den anderen direkt mit einbezogen hast.

Du wirst überrascht sein, welche Erkenntnisse du durch diesen offenen Austausch gewinnst. Oftmals hat der andere nämlich gar nichts dagegen, dass du deinen Weg gehst, und ist sogar dankbar, dass du dich für seine Meinung zu der Sache interessierst.

Um dir überhaupt erst mal bewusst zu werden, was du wirklich willst, empfehle ich dir das folgende Tool:

Tool »Was würdest du tun ...«

Wir sind so daran gewöhnt, uns Gedanken darüber zu machen, was unser Umfeld denkt, dass wir manchmal gar nicht mehr wissen, was wir eigentlich selber wollen. Wir erlauben uns noch nicht mal, genauer bei uns selbst hinzuschauen. Wenn du aber weißt, was du aus tiefstem Herzen möchtest, gibt dir das zusätzliche Kraft, und du erreichst mehr in kürzerer Zeit.

Ich möchte dir zwei Fragen an die Hand geben, mit denen du mehr Klarheit für dich gewinnst:

Frage 1

▶ *»Was würdest du tun, wenn es egal wäre, was die anderen denken?«*

Erlaube dir einfach mal, darüber nachzudenken. Du musst nichts von dem umsetzen, was dir dabei in den Sinn kommt. Sei einfach nur neugierig, was da für Ideen und Bilder in dir entstehen. Male es dir bis in das kleinste Detail aus.

Frage 2

▶ *»Was würdest du tun, wenn es egal wäre, was dein Kopf denkt?«*

Diese zweite Frage klingt vielleicht im ersten Moment etwas merkwürdig. Und das ist auch gut so, da sie dir eine ungewohnte Perspektive ermöglicht, aus der du ganz neue Erkenntnisse gewinnen kannst.

Oftmals weiß unser Herz, was wir wirklich wollen, aber unser Kopf hindert uns daran, dies zu erkennen und anzunehmen. Er flüstert uns ein: »Das darfst du nicht! Es geht nicht darum, was dein Herz will! Richte dich nach den anderen!« Durch die Frage 2 schaltest du für einen Moment diesen Filter aus und bekommst so ein klareres Bild davon, was dich wirklich antreibt und dir Kraft gibt.

Meine Erfahrung aus der Coaching-Praxis zeigt, dass viele Menschen sich erst mal schwertun damit, sich Klarheit über die eigenen Wünsche zu erlauben. Und sei es nur als unverbindliches Gedankenspiel. Wenn du dir jedoch erlaubst, bei dir selbst genauer hinzuschauen, wirst du feststellen, dass deine Ideen und Bedürfnisse gar nicht so unrealistisch oder »unsozial« sind, wie es sich vielleicht ohne genauere Betrachtung angefühlt hat.

Bei einem Führungskräfte-Workshop kamen wir auch auf das Thema Motivation, »mehr schaffen« etc. zu sprechen.

Als spontane Übung habe ich die Teilnehmer eingeladen, über die beiden Fragen nachzudenken, die ich dir eben vorgestellt habe. In der nächsten Pause kam eine der Führungskräfte zu mir und bedankte sich. Nennen wir diesen Teilnehmer aus Gründen der Vertraulichkeit Bastian. Bastian sagte, dass ihm allein das Nachdenken über diese beiden Fragen geholfen habe zu erkennen, warum er sich in den letzten Monaten so kraftlos gefühlt habe: Er war zu der Erkenntnis gekommen, dass er seinen Karriereweg nur so gegangen war, weil seine Kollegen es ebenso gemacht haben. In seinem tiefsten Herzen wollte Bastian jedoch gar keine Führungskraft sein, sondern sich viel lieber als Experte fortbilden. Diese neue Klarheit hat dazu geführt, dass er sich im Anschluss an den Workshop hat versetzen lassen und jetzt jeden Tag voller Freude und Energie zur Arbeit geht.

All jene Kollegen, denen Status extrem wichtig war, konnten nicht verstehen, dass Bastian seine Führungskarriere aufgab. Die meisten zollten ihm jedoch Anerkennung für seinen Mut, zu sich zu stehen, und einige wünschten sich, sie könnten genauso mutig sein wie Bastian.

Ich würde mich freuen, wenn du dich auf das Gedankenexperiment mit den beiden Reflexionsfragen einlässt. Du musst am Ende nichts davon umsetzen, aber erlaube dir zumindest, etwas intensiver über die Fragen nachzudenken.

Wenn du dich trotz der Selbsterkenntnisse durch das letzte Tool weiterhin nach anderen richtest und so tust, als wäre das okay, auch wenn es das für dich in Wahrheit nicht ist, kostet dich das Energie. Du spielst eine Rolle, und das ist kraftraubend. Vielleicht heißt deine Rolle »Die Superheldin, die immer für alle da ist« oder »Der Bescheidene, der glücklich ist, wenn alle anderen glücklich sind«. Deshalb:

Stehe öfter für dich ein!

Für dich einzustehen bedeutet, keine Rolle mehr zu spielen, authentischer zu sein, zu sagen, was du wirklich möchtest und was nicht. Wenn du das bisher noch nicht so oft getan hast, dann übe es erst mal für dich allein. Such dir einen Ort, an dem du ungestört bist, und erkläre dir selbst, warum du gewisse Dinge nicht mehr tun möchtest oder auf andere Art umsetzen willst. Sprich dabei laut mit dir, so als würdest du es zu jemand anderem sagen. Du kommst dir vielleicht komisch vor, wenn du mit dir selbst sprichst. Es hat aber zwei Vorteile:

1. Es bringt dich dazu, dich intensiver mit deinen eigenen Bedürfnissen zu befassen, da du deine Gedanken in komplette Sätze fassen musst.
2. Du übst, klar und deutlich für dich einzustehen. Dadurch, dass du es für dich allein in einem geschützten Raum tust, bist du dabei in absoluter Sicherheit, und es kann nichts schiefgehen.

Wenn du diese Übung ein paarmal machst, wirst du feststellen, dass du ein größeres Selbstbewusstsein bekommst, da du dir im wahrsten Sinne des Wortes bewusster über dich selbst wirst.

Sag öfter »Nein«

Vielleicht bist du ein Vollprofi, wenn es darum geht, »Ja« zu sagen, wenn dich jemand um Hilfe bittet. Beim »Nein«-Sagen fehlt dir dagegen möglicherweise noch etwas die Erfahrung. Deshalb brauchst du hier Training, um öfter

Aufgaben abzulehnen, die dir nicht guttun und dir zu viel Kraft rauben. Nimm dir dazu zum Beispiel vor, jede Woche mindestens einmal »Nein« zu sagen, wenn dich jemand darum bittet, eine Aufgabe zu übernehmen, die du eigentlich nicht übernehmen möchtest. Dadurch überwindest du mit der Zeit den Reflex, aus gewohnter Nettigkeit »Ja« zu sagen.

Die ersten Male wird es dir wahrscheinlich schwerfallen abzulehnen, aber du wirst merken, dass es dir guttut. Außerdem wirst du lernen, dass deine Freunde, deine Kollegen und deine Familie vielleicht am Anfang überrascht sind, wenn du nicht wie sonst sofort »Ja« zu allem sagst, worum man dich bittet, dass sie dich danach aber trotzdem noch mögen. Sollte dich jemand fallen lassen, nur weil du nicht mehr bei allem als Unterstützer zur Verfügung stehst, dann würde ich mir überlegen, ob diese Person jemals ein echter Freund oder guter Kollege war.

Damit es dir leichterfällt, öfter mal »Nein« zu sagen und deine Energie mehr für deine eigenen Themen und Ziele zu nutzen, habe ich ein paar Tipps für dich.

Tool »Nein-Techniken«
»Nein«-Tipp #1: Bitte um Bedenkzeit
Wenn es dir schwerfällt, direkt abzulehnen, wenn dich jemand um Hilfe bittet, dann schieb die Entscheidung einfach etwas auf, indem du so etwas sagst wie: »Ich denke drüber nach und melde mich später bei dir.«
Noch besser ist es, wenn du einen konkreten Zeitpunkt nennst, an dem du deine Entscheidung mitteilen wirst.
Durch diesen Aufschub hast du Zeit, in Ruhe zu überlegen, ob du unterstützen möchtest oder nicht. Du reagierst also

nicht mehr aus Gewohnheit oder »Reflex« mit einem »Ja«, sondern hast Luft, um es dir gut zu überlegen. Du wirst sehen, dass du immer weniger Bedenkzeit brauchst, um dir darüber klar zu werden, was du wirklich willst.

»Nein«-Tipp #2: Mach es diplomatisch

Meine Erfahrung mit meinen Klienten ist, dass sie bei den ersten Malen »Nein«-Sagen manchmal sehr harsch sind. Das liegt daran, dass sie einen inneren Widerstand überwinden müssen, um dieses ungewohnte N-Wort rauszubringen. Dadurch liegt so viel Druck in der Art, wie sie verneinen, dass es beim Gegenüber harsch ankommt, und der reagiert dann natürlich nicht besonders entspannt. Das wiederum sorgt für ein schlechtes Gefühl bei dem »Nein«-Sager, und er traut sich so schnell nicht mehr, eine Bitte abzulehnen.

Damit du nicht in dieselbe Falle tappst, hier ein Weg, wie du mit weniger Druck und mehr Diplomatie, aber trotzdem klar »Nein« sagen kannst:

1. Bedank dich. Sag zum Beispiel:

    »Danke, dass du an mich gedacht hast …«

    »Danke, dass du mir das zutraust …«

    »Danke, dass Sie gern mit mir zusammenarbeiten …«

2. Dann begründe deine Ablehnung kurz, zum Beispiel mit:

    »…leider deckt sich das gerade nicht mit meinen Prioritäten/Zielen.«

    »…aber das liegt mir nicht.«

    »…dieses Mal muss ich leider passen.«

Um dein schlechtes Gewissen zu beruhigen, mach dir bewusst, dass du wahrscheinlich sowieso keine sehr gute Leistung abgeliefert hättest, wenn du halbherzig »Ja« gesagt hättest.

»Nein«-Tipp #3: Das halbe »Nein«

Für einen ausgeglichenen Energiehaushalt ist es manchmal gar nicht nötig, dass du strikt »Nein« sagst. Das gilt zum Beispiel, wenn dir etwas heute nicht passt, du die Aufgabe aber morgen aus vollem Herzen übernehmen könntest. Oder wenn es für dich okay ist, einen Teil der Bitte zu erfüllen.

Du könntest es in diesem Fall so formulieren:

»Grundsätzlich helfe ich dir gerne bei X. Ich habe heute aber so viel zu tun, dass ich es nicht schaffe. Wenn es dir morgen/nächste Woche noch reicht, bin ich gerne dabei.«

»Um dir einen kompletten Text zu schreiben, fehlt mir gerade die Ruhe/Zeit/Energie. Ich lese aber gerne drüber, wenn du mir deine Version gibst.«

Eine andere Variante wäre, dass du zwar die konkrete Anfrage ablehnst, aber einen Alternativvorschlag zur Lösung machst, der mehr deinen Werten, Bedürfnissen und Kapazitäten entspricht. Das könnte sich so anhören:

»Ich habe leider keine Zeit, um dich zu deinem Freund zu fahren. Aber du kannst gerne mein Fahrrad nehmen.«

So achtest du gleichzeitig auf dich und den anderen.

»Nein«-Tipp #4: Was kostet dich das »Nein« oder das »Ja«?

Ich finde es grundsätzlich gut, sich bei einer Entscheidung den Preis und den Gewinn für alle Optionen zu überlegen. Jedes »Ja« hat Vor- und Nachteile, genauso wie jedes »Nein«.

»Nein«

Dein Preis: Du hast vielleicht ein schlechtes Gewissen, und der andere ist erstmal nicht gut auf dich zu sprechen.

Dein Gewinn: Du hast mehr Freiraum und Energie für die Dinge, die dir wirklich am Herzen liegen.

»Ja«

Dein Preis: Du hast weniger Zeit für dich und deine Projekte. Du verbrennst mehr Energie als nötig, weil du Dinge tust, die du eigentlich nicht tun magst.

Dein Gewinn: Dein Kollege, Freund oder Familienmitglied freut sich im besten Fall über deine Unterstützung, und du fühlst dich gut, weil du Anerkennung bekommst oder zumindest keine Ablehnung spürst.

Mach für dich immer die Kosten-Nutzen-Rechnung für das »Ja« und für das »Nein«. Danach wird es dir leichterfallen, deine Entscheidung zu fällen.

»Nein«-Tipp #5: Das magische Türschild

Du kennst die Situation, dass du gerade konzentriert an einer Sache arbeiten möchtest, und ständig kommt jemand zur Tür rein, der etwas von dir will – sei es zu Hause oder auf der Arbeit. Hier kannst du einen Zettel von außen an die Tür hängen, der dir das »Nein«-Sagen abnimmt, sodass du deine Energie voll auf deine Projekte fokussieren kannst.

Und was steht auf diesem magischen Türschild? Das hier:

Dadurch bringst du die Person, die gerade auf dem Weg zu dir ist, dazu, erst mal selbst über eine Lösung nachzudenken, bevor sie dich aus eigener Bequemlichkeit stört.

Falls du ein schlechtes Gewissen hast, solch ein Schild aufzuhängen, könntest du zum Ausgleich einen anderen Zettel an deiner Tür anbringen, wenn du gerade Kapazitäten hast, um andere zu unterstützen. In diesem Fall könntest du schreiben:

HEREINSPAZIERT!

wie kann ich dir helfen?

»Nein«-Tipp #6: Klare Haltung

Gerade wenn deine Kollegen, Freunde und Familie von dir kein »Nein« gewohnt sind, kann es sein, dass sie am Anfang öfter nachfragen, bis sie es akzeptieren. Das ist vollkommen normal und auch in Ordnung, da sich die Beteiligten erst an die neue Situation gewöhnen müssen.

Nun gibt es aber auch Zeitgenossen, die nicht so schnell aufgeben und glauben, dass Hartnäckigkeit siegt. Hier solltest du noch deutlicher Stellung beziehen.

Ein eleganter Weg, dies zu tun, ist, das Offensichtliche anzusprechen, das heißt, das Verhalten des Fragenden zu thematisieren: »Ich hab das Gefühl, du willst mich mit allen Mitteln dazu bringen, doch ›Ja‹ zu sagen. Da wirst du diesmal leider keinen Erfolg bei mir haben!«

»Du hast scheinbar die Hoffnung, dass du mich noch umstimmen kannst. Leider wird sich daran nichts ändern: Es passt heute bei mir nicht.«

»Ich habe den Eindruck, dass du mein ›Nein‹ nicht akzeptieren möchtest. Ich finde es schade, dass du meine Entscheidung nicht respektierst. Aber ich werde dabei bleiben.«

Je bewusster du »Nein« zu sagen lernst, desto deutlicher wird auch deine »Ja«. Auch das gibt dir Kraft, da du Dinge so mit einer größeren Überzeugung tust.

Energieverschwender #3: Versuch, am Alten festzuhalten

Du hast dich gerade daran gewöhnt, bei der Arbeit ein bestimmtes Programm zu benutzen, und schon gibt es eine neue Software, auf die die Geschäftsführung setzt. Das heißt, du musst dich komplett neu einarbeiten.

Dein Wochenrhythmus war so schön eingespielt, doch da wird dein Fitnesskurs überraschend verlegt. Jetzt kannst du mit deiner Planung wieder von vorne anfangen, um alles unter einen Hut zu bekommen.

Du bist mit deinen Freunden immer zum Italiener um die Ecke gegangen, und auf einmal wollen sie was Neues ausprobieren. Das bedeutet für dich erst mal Stress, weil du dich mit dem neuen Restaurant und der neuen Speisekarte vertraut machen musst.

Ärgern dich solche Veränderungen? Das ist verständlich, denn wir Menschen sind »Gewohnheitstiere«. Wenn alles so ist »wie immer«, dann gibt uns das Sicherheit.

In der heutigen Zeit ist leider nur selten etwas »so wie immer«. Durch die Digitalisierung, die internationalen Einflüsse und das immer größer werdende Angebot verändert sich ständig etwas. Auch das widerspricht dem steinzeitlichen Sicherheitsdenken unseres Gehirns. Darum haben wir in solchen Fällen den Impuls, diese Änderungen nicht hinzunehmen, sondern darum zu kämpfen, dass alles beim Alten bleibt. Genau damit vergeuden wir aber unbewusst unsere Energie, denn der Wandel ist nicht aufzuhalten. Wir kämpfen also meist vergeblich.

Vielleicht denkst du jetzt so etwas wie: »Aber das Alte ist doch nicht immer schlecht. Und oft genug stellt es sich als Fehler heraus, dass man immer direkt auf alles Neue anspringt.« Ich gebe dir recht, nicht alles Alte ist schlecht. Es ist aber aus meiner Erfahrung klug, den neuen Möglichkeiten zumindest ein Grundinteresse entgegenzubringen und ab und an zu überprüfen, ob die alten Verhaltensmuster noch sinnvoll und zeitgemäß sind. Argumente wie »Das haben wir schon immer so gemacht!« oder »So macht man das aber hier« sind keine plausiblen Gründe, um an Altem festzuhalten und neue Wege zu ignorieren.

Und ja, die neuen Wege sind manchmal auch Holzwege. Nur dreht sich die moderne Welt so schnell, dass wir abgehängt werden, wenn wir immer erst abwarten, ob etwas Neues wirklich sicher und gut ist, bevor wir es selber testen. Es gehört heutzutage einfach dazu, Dinge auszuprobieren und sie dann wieder zu verwerfen, wenn sie sich als nicht sinnvoll herausstellen. Solange wir keine Ärzte sind, die am offenen Herzen operieren, oder Bombenentschärfer, ist dieses Vorgehen selten riskant.

Je eher du anfängst, den Wandel als Chance zu sehen und nicht als Gefahr, desto weniger Energie verschwendest du in dem sinnlosen Versuch, das Rad rückwärtszudrehen. Das Schlimmste, was geschehen kann, wenn du die Veränderung akzeptierst und sich dann herausstellt, dass das Neue schlechter ist als das Alte: Du hast eine neue Erfahrung gesammelt, wie es nicht geht! Auch das ist in meinen Augen etwas wert.

So vermeidest du diese Energieverschwendung

 Tool »Worst-Case-Szenario«

Wenn wir bei einer von außen diktierten oder angebotenen Veränderung einen inneren Widerstand spüren, dann schauen wir oft nicht genauer hin, woher er kommt. Wir reagieren spontan mit Ablehnung.

Mach dir in einem solchen Fall bewusst, dass dein Steinzeitgehirn generell Veränderungen kritisch gegenübersteht, da diese für unsere Vorfahren im Zweifel Gefahr bedeutet haben. Ein neuartiges Geräusch stammte vielleicht von einem wilden Tier. Eine unbekannte Frucht war möglicherweise giftig. Damals war es deshalb ein Überlebensprinzip, Neuem erst mal kritisch gegenüberzustehen. In der heutigen, modernen Welt ist dieser mentale Mechanismus eher hinderlich, da nicht alles Neue gefährlich ist. Eher das Gegenteil ist der Fall.

Deshalb: Wenn du bei einer Veränderung ein Bauchgrummeln hast, dann halte einen Moment inne, bevor du versuchst, dich ihr entgegenzustellen. Schau genau hin, ob dein Steinzeithirn dich zu Recht schützen will oder ob es einfach nur übervorsichtig ist. Frage dich:

▶ »*Was ist das Schlimmste, was geschehen kann, wenn ich den neuen Weg mitgehe?*«

Durch diese Reflexion bekommst du Erkenntnisse, woher dein ungutes Gefühl kommt. Entweder stellst du fest, dass nichts wirklich Schlimmes geschehen kann und es keinen Grund gibt, in Widerstand zu gehen. Oder du kommst zu der Einsicht, dass es tatsächlich erhebliche negative Konsequenzen hätte, den neuen Weg zu gehen, die du jetzt auch konkret benennen kannst. Dadurch kommst du in einen differenzierten Austausch mit denjenigen, die die Änderung vorantreiben. Diese lassen sich dann entweder von deinen Gegenargumenten überzeugen und alles bleibt beim Alten, oder du kannst, sollte die Neuerung trotzdem eingeführt werden, jetzt konkrete Maßnahmen ableiten, um dich vor den Risiken zu schützen, die dir bewusst geworden sind.

Auf diese Art nutzt du deine Energie konstruktiver als bei dem spontanen Versuch, einfach die Bremse zu ziehen.

Tool »Advocatus Diaboli«

Advocatus Diaboli bedeutet auf Deutsch »der Anwalt des Teufels«. Ich meine in diesem Fall damit, dass du dir trotz deiner Widerstände einer Veränderung gegenüber einen spielerischen Rollenwechsel erlaubst.

Stell dir vor, du stehst auf der Seite derjenigen, die die Neuerung toll finden und sie daher unterstützen. Wie würdest du jemanden davon überzeugen, dass die Veränderung sinnvoll ist und Vorzüge hat? Auch wenn sich etwas in dir gegen diesen Rollenwechsel sträubt, lass dich einfach drauf ein. Sieh es als Spiel. Halte in deinen Gedanken ein flammendes Plädoyer für die Veränderung. Lass dich wirklich zu 100 Prozent darauf ein, für diesen Moment auf der anderen Seite zu stehen.

Was für neue Erkenntnisse gewinnst du, wenn du aus dieser Perspektive auf die Veränderung schaust? Siehst du vielleicht jetzt positive Aspekte, die dir vorher gar nicht aufgefallen sind?

Das Beste, was dir bei diesem Ansatz passieren kann, ist, dass du das Neue doch noch zu schätzen lernst. Das »Schlimmste«, was dir geschehen kann, ist, dass du bei deiner ablehnenden Haltung bleibst. Du hast also nichts zu verlieren.

Nachdem du jetzt ein größeres Bewusstsein dafür hast, was dir im Alltag unbemerkt Energie raubt, lass uns darauf schauen, was dir grundsätzlich Energie gibt. Dazu brauchst du einfach nur umzublättern.

Das gibt dir Energie

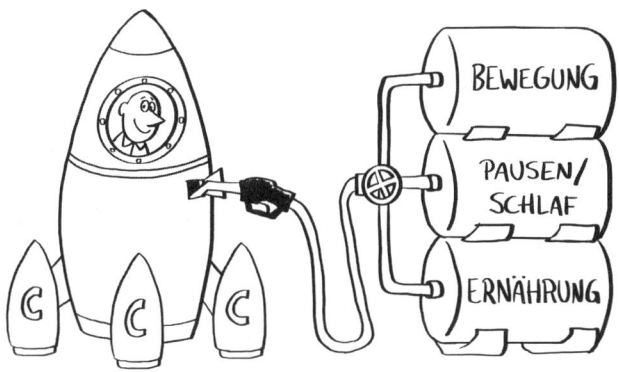

Grundlegend gibt es vier Möglichkeiten, wie du neue Energie tanken kannst: durch Pausen, Schlaf, Bewegung und Nahrung.

Mit der Tatsache, dass dies alles wichtige Ressourcen sind, erzähle ich dir wahrscheinlich nichts Neues. Aber nutzt du diese Ressourcen schon ausreichend?

Auf den nächsten Seiten möchte ich dir einige Hintergründe deutlich machen und dir pragmatische Tipps geben, wie du diese Energiequellen besser für dich nutzen kannst.

Sie bilden die Grundlage für dein gutes Energiemanagement.

Pausen

Was ist eines der Erfolgsgeheimnisse von Leistungssportlern? Pausen zu machen!

Kein Topathlet kann auf Dauer eine gute Performance bringen, wenn er seinem Körper nicht regelmäßig Pausen gönnt.

Auch wenn man es mir heute nicht mehr ansieht: Ich hatte mal wesentlich mehr Muskeln. Zu dieser Zeit habe ich mit einem Personaltrainer zusammengearbeitet. Als dieser mir das erste Mal sagte, dass ich die nächsten vier Wochen nicht trainieren dürfe, war ich erstaunt. Es erschien mir im ersten Moment unlogisch. Wie sollte ich mehr Muskeln aufbauen, indem ich eine Zeit lang nichts tat? Nach der ersten »Zwangspause« habe ich verstanden, wie sinnvoll es war, meinem Körper Zeit zu geben, sich zu regenerieren. Ich machte danach größere Fortschritte im Training und hatte auch wieder mehr Spaß daran.

Genauso, wie unser Körper Erholungspausen braucht, sind diese auch für unseren Geist nötig, um langfristig leistungsfähig zu sein und mehr Energie zu haben. Vielleicht denkst du jetzt, dass du dir schon ausreichend Pausen gönnst. Leider unterschätzen wir, wie viel Zeit wir für uns brauchen, um uns wirklich zu regenerieren.

Forscher haben herausgefunden, dass wir im Schnitt alle 90 Minuten eine Pause benötigen, um nicht in unserer Leistung abzufallen. Das Spannende daran: Dieses Zeitintervall entspricht genau der Länge des Schlafzyklus, den wir im Idealfall vier- bis sechsmal pro Nacht durchlaufen. Er beginnt mit Leichtschlaf, geht über in den Tiefschlaf, gefolgt von der »REM-Phase«, in der wir die Erlebnisse des Tages verarbeiten. Dann beginnt der Zyklus wieder von vorne. REM steht dabei als Abkürzung für »Rapid Eye Movement«, also zu Deutsch »Schnelle Augenbewegungen«. In dieser Phase bewegen sich nicht nur unsere Augen unwillkürlich, sondern es steigt auch unser Blutdruck, und das Gehirn ist stärker durchblutet als in den anderen Abschnitten des Schlafzyklus. Die Wissenschaft geht davon aus, dass gerade die REM-Phase wichtig ist für die Erholung des Nervensystems und der Psyche.

Der 90-minütige Rhythmus der Regeneration, den wir in der Nacht brauchen, ist nach Erkenntnissen des amerikanischen Schlafforschers Professor Nathaniel Kleitman auch tagsüber das Zeitintervall, nach dem wir idealerweise regelmäßig eine Pause brauchen.

Leider ignorieren wir die entsprechenden Signale unseres Körpers und »dopen« uns mit Kaffee und Zucker, um uns künstlich wacher zu halten.

Dass uns regelmäßige Pausen nach anderthalb Stunden tatsächlich guttun und uns produktiver machen, hat der Psychologieprofessor K. Anders Ericsson nachgewiesen. Der Schwede gilt als Experte auf dem Feld der Gedächtnisleistungsfähigkeit. Er untersuchte im Rahmen seiner Arbeit »Elite Performers«, wie Musiker, Athleten, Schauspieler und Schachspieler trainieren. Dabei hat er herausgefunden, dass die Besten von ihnen tatsächlich in 90-Minuten-Zyklen üben, trainieren oder arbeiten. Das hat zur Folge, dass sie auch über Wochen eine erhöhte Leistungsfähigkeit gezeigt haben. In der Studie heißt es dazu: »Um langfristig maximal leistungsfähig zu bleiben, müssen Menschen größere Erschöpfungsphasen während des Tages vermeiden.«

Plane alle 90 Minuten Pausen ein

Möglicherweise reichen dir die zuvor genannten Erkenntnisse der Forscher nicht als Argument aus, um regelmäßiger Pausen zu machen. Du siehst es vielleicht als Luxus, den man sich nicht erlauben kann oder darf.

Doch mach dir bewusst: Wenn du dich dauerhaftem Stress aussetzt und dir keine Erholungspausen gönnst, so führt das zu einer sogenannten allostatischen Belastung. Das bedeutet, du beanspruchst deinen Körper und dein Gehirn zu sehr, was zu einem schnelleren Verschleiß führt. Deine Denk- und Leistungsfähigkeit sinken, dein Immunsystem wird geschwächt, und das Risiko für Herz-Kreislauf-Erkrankungen steigt. Das allein sollte Grund genug für dich sein, ab sofort öfter Pausen einzulegen, wenn du langfristig viel erreichen möchtest.

Ich komme gerade eben von einem Coaching, bei dem wir auch auf das Thema »Pausen« zu sprechen kamen. Meine Klientin sagte: »Mir geht es oft so, dass ich nur noch eben schnell die paar Sachen fertig machen und mir dann eine Pause gönnen will. Am Ende mache ich dann doch keine Pause und arbeite durch. Obwohl ich es eigentlich besser weiß, mache ich diesen Fehler immer wieder.«

Damit du in Zukunft die kurzen Erholungsphasen nicht mehr im Eifer des Gefechts vergisst oder sie über Bord wirfst, weil du »nur noch eben« die eine Sache fertig machen willst, plane diese regelmäßigen Pausen in deinen Tagesablauf ein. Trage sie in deinen virtuellen oder physischen Kalender ein, stelle dir einen Wecker oder Ähnliches.

15 bis 20 Minuten Pause alle 90 Minuten reichen schon, wenn du in dieser Zeit wirklich zur Ruhe kommst. Qualität geht hier vor Quantität.

Wichtig: Schreib und lies in dieser Pausenzeit keine Mails oder WhatsApp-Nachrichten, surfe nicht im Netz, schau nicht in die sozialen Medien, guck nicht fern und lies keine Zeitung, unterhalte dich auch nicht mit Kollegen. Kurz gesagt: Füttere dein Gehirn nicht mit neuem Input, sondern gib ihm Zeit, das zuvor Erlebte zu verarbeiten.

Es wird sich am Anfang vielleicht merkwürdig für dich anfühlen, einfach nichts zu tun, da du gewohnt bist, ständig mit neuen Informationen überflutet zu werden. Wir sind schon fast süchtig danach. Und gerade deshalb tut ein »Input Detox« alle eineinhalb Stunden so gut.

Vielleicht fragst du dich jetzt, wie du denn deine Auszeiten verbringen sollst, wenn der »feine Herr Fischedick« alles verbietet, was du sonst so in deinen Pausen machst. Deshalb hier ein paar Vorschläge, was du stattdessen tun kannst. Du könntest zum Beispiel:

✓ spazieren gehen
✓ aus dem Fenster schauen
✓ entspannende Musik hören
✓ einen Powernap machen
✓ Dehn- oder Yoga-Übungen ausführen
✓ einen kleinen Snack einnehmen und dich bewusst darauf konzentrieren
✓ meditieren (z. B. »Atem-Meditation« s. u.)
✓ ...

Falls sich Zweifel in dir regen und du so was denkst wie: »Das kann ich mir gar nicht erlauben, so oft eine Pause zu machen!«, dann habe ich einen zusätzlichen Tipp für dich: Probier es nur eine Woche lang aus. Wenn du danach keinen positiven Effekt spürst, der dir unter dem Strich sogar Zeit spart, dann lass es einfach wieder sein.

Entscheidend ist, dass du es in diesen sieben Tagen wirklich durchziehst, um eine Wirkung zu spüren. Sollten deine Familie und deine Kollegen dich schräg angucken, wenn sie dich mitten am Tag bei einer Yoga-Übung antreffen, dann erzähle ihnen von den Hintergründen und schieb gerne alle Schuld auf mich. Als Beweis kannst du ihnen ja dieses Buch unter die Nase halten.

Eine andere Möglichkeit wäre, dass du deine Kollegen und deine Familie mit an Bord holst und mit ihnen gemeinsam testest, was es für einen Unterschied macht, regelmäßig dem Geist eine Pause zu gönnen, um neue Energie zu tanken. Entscheidend ist nur, dass jeder seine kurzen Auszeiten für sich alleine verbringt.

Ich verspreche dir: Wenn du es konsequent umsetzt, wirst du merken, dass diese zusätzliche Pausenzeit sehr gut investiert ist, da du danach viel fokussierter, frischer und effizienter bist und mehr schaffst in kürzerer Zeit.

Ich habe bei meinen Vorschlägen für die regelmäßigen Pausen geschrieben, dass du auch meditieren kannst, um deinem Geist Ruhe zu gönnen. Falls du damit noch keine Erfahrung hast, möchte ich dir hier eine einfache Methode beschreiben:

Tool »Atem-Meditation«

Bei einer Meditation kommt es unter anderem darauf an, die Außenwelt auszublenden und nur noch im Moment zu sein. Keine Vergangenheit, keine Zukunft, nur das Jetzt. Das geht am einfachsten, wenn du etwas hast, worauf du dich fokussieren kannst. Etwas Beruhigendes. Dazu eignet sich zum Beispiel dein eigener Atem. Der Vorteil: Du hast ihn immer dabei, sodass du jederzeit diese Meditation nutzen kannst. Sie stammt übrigens aus dem Zen-Buddhismus.

1. Such dir einen ungestörten Ort und mach es dir im Sitzen oder Liegen bequem. Nimm dir einen Moment, um die beste Position zu finden, in der es wirklich gemütlich für dich ist.

2. Atme tief und ruhig ein und aus, sodass sich dein Bauch dabei hebt und senkt. Stell dir vor, dass deine Atemzüge wie Wellen sind, die kommen und gehen. Atme ganz weich, ohne Kraft. Dein Körper findet den Rhythmus von selbst. Du kannst dabei die Augen offen lassen oder sie schließen. Finde heraus, was sich für dich entspannter anfühlt. Lenke deine Aufmerksamkeit immer mehr auf deinen Atem:

   - Wie genau hebt und senkt sich dein Bauch?
   - Fühlt sich das Heben anders an als das Senken?
   - Wo sonst noch im Körper spürst du den Atemfluss?
   - Wie fühlt sich die vorbeiströmende Luft an deinen Nasenlöchern oder deinen Lippen an?

   Bewerte deine Beobachtungen nicht. Nimm einfach deinen Atem ganz bewusst wahr, wie ein liebevoller Betrachter.

3. Sollten deine Gedanken abschweifen, dann lenke deine Aufmerksamkeit einfach wieder zurück auf deine Atmung. Es ist ganz normal, immer mal wieder abzugleiten, vor allem wenn du gerade erst anfängst, dich mit Meditation

zu befassen. Führe deinen Fokus immer wieder zurück zum Ein- und Ausatmen. Du wirst merken, dass du mit der Zeit immer länger und leichter bei dir bleiben kannst.

Manchmal hilft es Einsteigern, die Atemzüge zu zählen, um sich noch mehr zu fokussieren. Zähle bei jeder Ausatmung eins weiter, und wenn du bei zehn angekommen bist, fang wieder bei eins an.

Beginne am besten mit kurzen Meditationen von drei bis fünf Minuten und steigere dich immer ein bisschen mehr, bis du bei 10 bis 15 Minuten angekommen bist. Es dauert oft ein wenig, bis man seine Konzentration über längere Zeit bei einer Sache halten kann. Setz dich bitte nicht unter Leistungsdruck, denn die Meditation soll dich ja nicht stressen, sondern dir ganz im Gegenteil neue Energie schenken. Je häufiger du meditierst, desto schneller und wirkungsvoller werden dein Geist und dein Körper zur Ruhe kommen.

Als Zeitmesser kannst du entweder entspannende Musik in genau der Länge hören, die du meditieren möchtest. Oder du stellst dir einen Wecker mit einem möglichst sanften Alarmton, damit du nicht hochschreckst, sondern angenehm erinnert wirst, dass deine gesetzte Meditationszeit um ist.

Wenn du mal keine Zeit zum reinen Meditieren hast, kannst du trotzdem zumindest »nebenbei« für ein paar Minuten abschalten. Wie das geht? So:

Tool »Alltags-Meditation«

Wenn du alltägliche, einfache Tätigkeiten ausführst, wie Zähneputzen, Abwaschen, Essen, Spazierengehen oder Ähnliches, dann fokussiere dich auf die sinnlichen Wahrnehmungen in diesem Moment:

- Wie fühlen sich die Borsten der Zahnbürste in deinem Mund an?
- Wie schmeckt die Zahnpasta?
- Welche Temperatur hat das Wasser im Spülbecken?
- Wie genau löst sich der Schmutz von den Tellern, die du gerade abwäschst?
- Welche Konsistenz hat dein Essen?
- Welche Gewürze kannst du rausschmecken?
- Wie fühlt sich der Untergrund an, über den du läufst?
- Wie arbeiten die Muskeln beim Laufen zusammen?
- Welche Geräusche und Gerüche nimmst du auf deinem Weg wahr?
- …

Wenn du zwischendurch an etwas anderes denkst, also nicht mehr im Moment bist, dann lenke deine Aufmerksamkeit sanft zurück zu deinem eigentlichen Fokus.

Damit du diese kurzen, achtsamen Auszeiten regelmäßig machst, lass sie zu einem täglichen Ritual werden. Du könntest zum Beispiel die erste Tasse Kaffee des Tages immer mit voller Achtsamkeit trinken oder dich beim Umziehen genau auf das Gefühl der Stoffe auf deiner Haut konzentrieren. All das sorgt für kleine Denkpausen, in denen dein Geist entspannen kann.

Um eine andere, längere Art der Pause geht es im nächsten Kapitel: den Schlaf.

Schlaf

»Der Schlaf ist für den Menschen, was das Aufziehen für die Uhr.«

Dieses Zitat stammt von dem Philosophen Arthur Schopenhauer und bringt die Sache gut auf den Punkt: Schlaf ist einer der wichtigsten Energiespender für uns.

Diese Erkenntnis wird für dich nicht neu sein, und dennoch pflegst du wahrscheinlich keine ideale Schlafkultur ... wie viele andere auch.

Warum ist Schlaf so wichtig? Unser Körper schüttet währenddessen Wachstumshormone aus, die er für die Regeneration von Zellen und das Muskelwachstum benötigt. Das Immunsystem ist ebenfalls nachts aktiver, und die Wundheilung läuft schneller ab als im wachen Zustand. Im Schlaf werden außerdem neue Informationen verarbeitet und Bewegungsabläufe gelernt und gefestigt.

Wie wichtig der Schlaf für die geistige und körperliche Leistungsfähigkeit ist, zeigt sich unter anderem daran, dass Profisportler mehr und mehr mit Schlaf-Coaches zusammenarbeiten, um noch fitter zu werden. So ergab eine Studie mit Spielern des Basketballteams der Stanford University, dass sie, nachdem sie über fünf bis sieben Wochen mindestens zehn Stunden pro Nacht geschlafen hatten, im Vergleich zur Ausgangslage eine bessere Reaktionszeit und Wurfgenauigkeit sowie eine größere Schnelligkeit erreichten.

Du musst nicht wie die Probanden gleich zehn Stunden schlafen, um einen Unterschied zu merken. Sieben bis neun Stunden Schlaf pro Nacht sollten es aber schon sein, damit du erholt genug bist für den nächsten Tag.

Allerdings ist nicht nur die Schlafdauer relevant, sondern vor allem die Qualität. Nur wenn unser Schlaf so gut ist, dass wir den Schlafzyklus ungestört durchlaufen und in den Tiefschlaf und den REM-Schlaf finden, werden wir am nächsten Morgen fit und ausgeschlafen aufwachen.

Damit du die nötige Schlafqualität erreichst, auch wenn du viel unterwegs bist und in immer wieder anderen Hotels schläfst, helfen Schlafrituale. Hier die acht wichtigsten:

Ritual #1: Feste Schlafenszeit

Dir fällt es leichter einzuschlafen, wenn du jeden Tag zur gleichen Zeit ins Bett gehst und aufstehst. Also erkläre zum Beispiel 22:30 Uhr zu deiner täglichen Schlafenszeit und lass den Wecker am nächsten Morgen immer um 06:30 Uhr klingeln. Durch den festen Rhythmus pendelt sich dein Hormonhaushalt ein, und du wirst schon nach einer kurzen Eingewöhnungszeit um Punkt 22:30 Uhr müde.

Natürlich kannst du am Wochenende länger aufbleiben und musst nicht so früh wie unter der Woche aufstehen. Versuche nur, die Veränderung deines Wach-Schlaf-Rhythmus so gering wie möglich zu halten. Dazu gehört ein bisschen Disziplin, aber dafür wirst du mit einem höheren Energielevel und einer gesteigerten Lebensqualität belohnt.

Ritual #2: Leicht essen und trinken

Eine fette Schweinshaxe kurz vor dem Zubettgehen ist eine sichere Methode, um schlecht zu schlafen. Experten sagen deshalb: Besonders fette und scharfe Speisen, Hülsenfrüchte und Kohl solltest du maximal noch vier Stunden vor deiner Schlafenszeit zu dir nehmen.

Grundsätzlich gilt, dass du deinem Körper Zeit für die Verdauung geben solltest, bevor du dich schlafen legst. In der Regel ist dafür eine Stunde bei leichtem Essen ausreichend. Zu leichten Speisen zählen mageres Fleisch, Fisch, Weißbrot, Nudeln, Kartoffeln, Obst oder Produkte aus fettarmer Milch. Milchprodukte enthalten zudem die schlaffördernde Aminosäure Tryptophan. Auch Vitamin B6 begünstigt den Schlaf. Dieses Vitamin ist unter anderem in Bananen und vielen Blattsalaten enthalten.

Wenn du jetzt denkst: »Dann esse ich einfach abends gar nichts mehr, dann kann ich noch besser einschlafen!«, kann der Schuss nach hinten losgehen. Wenn du mit einem Hungergefühl ins Bett gehst, könnte es sein, dass du nachts wach wirst und dann doch noch etwas isst. Danach wirst du in jedem Fall nicht wieder direkt einschlafen können.

Zu den weitverbreiteten Irrtümern gehört, dass Alkohol den Schlaf fördert. Was stimmt: Nach einem Gläschen Bier oder Wein schläfst du besser ein. Allerdings stört der nächtliche Abbau des Alkohols den Ablauf der Schlafphasen und verhindert, dass du dich wirklich erholst. Dazu sorgt ein übermäßiger Alkoholkonsum vor dem Zubettgehen für wirre Träume und lässt dich nachts schwitzen. Auch das ist nicht gesund. Und als wäre das nicht genug: Wenn du zu viel trinkst, drückt die Blase, und du musst nachts aufstehen, um dich zu erleichtern. Danach fällt das erneute Einschlafen schwer. Deshalb: Verzichte abends möglichst auf Alkohol und trinke lieber schlaffördernde Getränke wie Kräutertees aus Kamille, Fenchel, Hopfen, Baldrian oder speziellen Mischungen. Der Klassiker warme Milch mit Honig oder etwas Muskat hilft auch.

Ritual #3: Online- & TV-Pause

Wenn du bis kurz vor dem Schlafengehen fernsiehst oder auf deinem Handy im Internet surfst und dir mit Freunden schreibst, machst du dir das Einschlafen schwer. Dadurch, dass du dein Gehirn bis zum letzten Moment mit neuen Impulsen und Inhalten belädst, kommt dein Geist nicht so schnell zur Ruhe, da alles Neue erst mal verarbeitet werden muss und dich vielleicht sogar stresst.

Deshalb: Schalte mindestens 30 Minuten, besser noch eine Stunde vor dem Schlafengehen die Glotze, dein Handy, Laptop und Co. aus. Du solltest außerdem am besten keines dieser elektronischen Geräte im Schlafzimmer haben, um eine ganz klare psychologische Trennung herzustellen: Das Schlafzimmer ist nur zur Entspannung da, Entertainment und Arbeit finden woanders statt. Möglicherweise fühlst du dich unsicher, wenn dein Smartphone nicht neben dir auf dem Nachttisch liegt, weil du so im Notfall keinen Hilferuf absetzen kannst. In diesem Fall hat sich folgendes Ritual bewährt: Stell dein Handy schon vor dem Betreten deines Schlafzimmers in den Flugmodus. Dadurch bist du auf der einen Seite offline, auf der anderen Seite aber auch ganz schnell wieder online, wenn Gefahr im Verzug ist. Aktiviere dein Smartphone dann am nächsten Morgen erst wieder, wenn du dein Schlafzimmer verlassen hast.

Was an Unterhaltung kurz vor dem Einschlafen »erlaubt« ist: Lesen! Laut einer Studie der Uni Essex von 2009 können schon sechs Minuten Lesen pro Tag deinen Stresslevel um bis zu 68 Prozent verringern. Lesen entspannt und entschleunigt. Du darfst also auch dieses Buch gerne zum Schmökern mit ins Bett nehmen. Ich hoffe nur, dass du es nicht so langweilig findest, dass du direkt einschläfst – obwohl, in gewisser Weise wäre das natürlich auch ein nützlicher Einsatz.

Die folgenden Rituale #4, #5 und #6 geben dir Ideen, was du in den letzten 30 bis 60 Minuten vor dem Lichtausmachen noch tun kannst, um deine Schlafqualität zu verbessern.

Ritual #4: Leichte Bewegung

Ein kleiner Abendspaziergang, Dehnübungen oder Yoga sind ideal, damit dein Körper die verbliebenen Stresshormone des Tages abbaut, sich lockert und entspannt. Entscheidend ist, dass du dich nicht zu sehr anstrengst, denn das würde zu einer Aktivierung führen, und du möchtest ja genau das Gegenteil bewirken.

Ritual #5: Tag Revue passieren lassen

Damit nicht nur dein Körper, sondern auch dein Geist zur Ruhe kommen kann und du nicht im Bett grübelst, ist es gut, wenn du vor dem Schlafengehen aktiv deinen Tag Revue passieren lässt.

Dazu kannst du deiner Partnerin oder deinem Partner davon erzählen, mit einem guten Freund oder einer Freundin telefonieren oder einfach nur entspannt dasitzen und den Tag in Gedanken noch einmal durchgehen. Durch diese bewusste Reflexion entlastest du deine Psyche.

Eine andere Art, deinen Tag noch einmal zu reflektieren, ist, ein »Energielogbuch« zu führen. Was das ist und wie es funktioniert, das erkläre ich dir in Teil 3 dieses Buchs ganz ausführlich.

Ritual #6: To-do-Liste für morgen schreiben

Du kennst das wahrscheinlich auch: Kaum liegst du im Bett, fällt dir ein, was du morgen unbedingt erledigen musst. Um dem vorzubeugen, schreib einfach schon, bevor du schlafen gehst, eine To-do-Liste für den nächsten Tag. Mach dabei am besten auch gleich ein Ranking von wichtig nach unwichtig.

Das gibt dir Struktur, und du kannst später mit ruhigem Gewissen einschlafen. Auch das ist ein Teil des »Energielogbuchs«, das ich dir später vorstelle.

Dass das wirklich funktioniert, hat eine Studie der Baylor University bewiesen: Probanden, die vor dem Schlafengehen eine To-do-Liste für die nächsten Tage schrieben, konnten schneller einschlafen. Das »Abladen« von Aufgaben, die noch erledigt werden müssen, ließ das Gehirn entspannen und leichter in den Schlaf finden.

Ritual #7: Gutes Schlafklima

Dreh die Heizung im Schlafzimmer runter und lüfte 15 Minuten vor dem Zubettgehen durch oder schlafe am besten mit offenem Fenster. Der höhere Sauerstoffgehalt der Luft und die reduzierte Raumtemperatur sorgen für das ideale Schlafklima. Experten empfehlen 16 bis 18 Grad als optimale Temperatur im Schlafzimmer. Der Grund: Während des Schlafs sinkt die Körpertemperatur leicht ab. Eine zu hohe Raumtemperatur verhindert diesen Mechanismus und wirkt sich so negativ auf die Schlafqualität aus.

Aus diesem Grund solltest du auch im Winter nicht mit einer zu dicken Decke schlafen. Im ersten Moment ist sie schön kuschelig, über Nacht wärmt sie dich aber zu sehr und schmälert so aus den zuvor genannten Gründen deine Schlafqualität. Seitdem ich das weiß, benutze ich auch im Winter eine Sommerdecke und wache dadurch morgens viel frischer auf.

Ritual #8: Kein Snoozen

Auch wenn es dir vielleicht schwerfällt: Steh am nächsten Morgen direkt auf, wenn der Wecker klingelt. Immer wieder auf die »Snooze«-Taste zu drücken, um noch mal fünf Minuten länger schlafen zu können, raubt dir mehr Energie, als es dir bringt. Dein System fährt jedes Mal runter, um beim erneuten Weckerklingeln wieder abrupt hochzufahren. Das belastet deinen Organismus. Wenn du noch etwas länger im Bett liegen möchtest, dann bleib wach und hör etwas Musik. Oder du stellst deinen Wecker von vornherein auf zehn Minuten später.

Das waren meine acht Top-Tipps für erholsameren Schlaf. Stell dir aus diesen Ritualvorschlägen einfach deine persönliche Schlafroutine zusammen und ergänze sie noch durch andere Dinge, die dir das Ein- und Durchschlafen leichter machen. Halte dich dann unbedingt an deine eigene Routine. Am Anfang wird es etwas mehr Energie kosten, sie durchzuziehen. Nach einer Weile geht sie dir aber so in Fleisch und Blut über, dass du keine weiteren Gedanken daran verschwenden musst und dir deine Schlafroutine jede Menge neuer Energie bringt.

Genauso, wie dir Ruhe neue Kraft bringt, ist auch Bewegung ein Grundbaustein deiner persönlichen Energieversorgung. Darum geht es jetzt im Folgenden.

Bewegung

Im Tier- und Pflanzenreich unterscheidet man zwischen mobilen und immobilen Organismen. Auch wenn wir viel vor dem Computer, im Auto, in der Bahn oder vor dem Fernseher statisch sitzen und uns nur wenig bewegen, so gehören wir Menschen nicht wie die Pilze und Moose zu den immobilen Organismen. Wir sind von Natur aus mobile Organismen. Bewegung gibt uns mehr Energie und hält uns gesund. Ein Energiemangel macht uns dagegen krank und raubt uns Kraft. Vielleicht hast du schon mal den Spruch gehört: »Sitzen ist das neue Rauchen!« Damit ist gemeint, dass heute mehr Menschen aufgrund von Bewegungsmangel erkranken als durch jahrelanges Rauchen.

»Ja, ich weiß, dass Bewegung wichtig ist! Aber dafür habe ich in meinem stressigen Alltag einfach keine Zeit!«, könntest du jetzt vielleicht denken. Und da beißt sich die Katze in den Schwanz. Je gestresster du bist, desto mehr Bewegung brauchst du zum Ausgleich. Die gute Nachricht: Je mehr du dich bewegst, desto stressresistenter bist du und desto mehr kannst du leisten. Deshalb ist jede Zeit, die du in Bewegung verbringst, ein gutes Investment in deine Energiebilanz.

Warum genau wirkt sich körperliche Aktivität positiv auf deinen Energielevel aus?

1. Bewegung baut Stresshormone ab

Unser Körper wird gerade in der heutigen, schnelllebigen Zeit häufig von Stresshormonen überflutet. Und das ist alles andere als nützlich, weil unsere Stressreaktionen nicht zeitgemäß sind und uns eher blockieren. Sie stammen wie so viele andere unserer Reaktionsmuster auch noch aus der Steinzeit, wo es regelmäßig um das Überleben ging – ganz anders als heute.

Wenn unsere Vorfahren durch den Wald gelaufen sind und hinter sich ein Knacken gehört haben, war es gut, dass sofort das Stresssystem angesprungen ist, denn es hat sie kampf- beziehungsweise fluchtbereit gemacht. Man konnte ja nie wissen, ob das Geräusch von einem Angreifer stammte. Es wurden schnell Stresshormone wie Adrenalin oder Cortisol ausgeschüttet. Die sorgten dafür, dass die Lungenbläschen sich weiteten und die Atmung tiefer wurde, Blutzucker ausgeschüttet wurde, die Blutgefäße sich ausdehnten und das Herz schneller schlug. Dadurch gelangten mehr Sauerstoff und mehr Blutzucker zu den Muskeln. Die dadurch zur Verfügung stehende Kraft konnte zum Kämpfen oder Fliehen eingesetzt werden. Gleichzeitig wurde Schweiß produziert, um das System zu kühlen, sodass unsere Urahnen länger körperliche Höchstleistungen vollbringen konnten. Die Hormone sorgten auch dafür, dass ihre Aufmerksamkeit sich auf die mögliche Gefahr fokussierte. Alles andere um sie herum wurde als »unwichtig« deklariert und mental ausgeblendet.

Und wie funktioniert unser Stresssystem heute? Ganz genauso! Es gibt nur einen Unterschied zur Steinzeit: Die Stressreaktionen unseres Körpers sind in 99 Prozent der Fälle übertrieben, denn wie oft geht es in unserem heutigen Alltag um Leben und Tod? Wir reagieren schon auf eine blöde E-Mail, einen davonfahrenden Zug oder eine näher rückende Deadline mit Stress, obwohl dabei nicht unser Leben auf dem Spiel steht.

Das ist alles andere als hilfreich, weil wir uns dadurch

selbst behindern. Der für unsere Vorfahren nützliche, stressbedingte Tunnelblick auf die Gefahr sorgt bei uns dafür, dass wir nicht alle Chancen und Möglichkeiten sehen, um in einer herausfordernden Situation eine schnelle und gute Lösung zu finden. Wir sitzen da wie das Kaninchen vor der Schlange.

Außerdem schadet Dauerstress unserer Gesundheit. Schuld daran ist das Stresshormon Cortisol. Es ist so etwas wie die »Stand-by-Funktion« unseres körperlichen Abwehrsystems. Während das Stresshormon Adrenalin dafür sorgt, dass wir schnell kampfbereit sind, und es zeitnah wieder abgebaut wird, bleibt das Cortisol länger in unserem Blut. Es sorgt dafür, dass wir uns nicht wieder komplett entspannen und dadurch schneller wieder einsatzbereit sind, sollte es kurz nach dem ersten »Angriff« noch einen zweiten geben. Eigentlich eine clevere Idee der Evolution. Aber warum schadet uns dann Cortisol heutzutage? Weil es zu lange im Blut bleibt! Bei unseren Vorfahren folgte auf die Aktivierung des Stresssystems immer eine körperliche Betätigung in Form von Angriff oder Flucht. Das hat automatisch dafür gesorgt, dass die verbleibenden Stresshormone abgebaut wurden.

Was machen wir heute, wenn wir gestresst sind? Wir schimpfen und fluchen, schreiben eine böse E-Mail oder zeigen jemandem einen Vogel. Das heißt, wir bewegen uns nur minimal und führen so nicht den »Stresszyklus« zu Ende, wodurch die Stresshormone nicht verstoffwechselt werden und zu lange nachwirken.

Die Folgeerscheinungen durch den hohen Cortisolspiegel bei Dauerstress entsprechen dabei genau den Nebenwirkungen, die wir auch von medizinischen Cortisonpräparaten kennen:

- Schlafstörungen
- Gedächtnisverlust
- Depressionen
- Bluthochdruck
- Diabetes
- Impotenz
- Osteoporose
- Magengeschwüre
- Immunschwäche
- Hautverdünnung
- erhöhte Cholesterinwerte
- erhöhtes Thromboserisiko
- grauer oder grüner Star
- …

Für mich persönlich ist die Vermeidung dieser Nebenwirkungen von Stress schon Grund genug, um mich möglichst oft zu bewegen. Schließlich will ich nicht, dass es mir wie den kanadischen Lachsen ergeht. Vielleicht hast du die letzten Zeilen gerade ein zweites Mal gelesen, um sicherzugehen, dass du dich nicht verlesen hast. Ja, ich habe soeben eine Referenz zu Lachsen hergestellt, und zwar aus gutem Grund. Die kanadischen Lachse wandern Hunderte Kilometer von ihrem heimischen Quellbach ins Meer und dann zum Laichen stromaufwärts wieder zurück. Das ist ein unglaublicher Kraftakt, der ihnen nur dank eines extrem hohen Cortisolspiegels gelingt, doch der bringt sie am Ende um. Deswegen solltest auch du nicht Höchstleistungen um den Preis deiner Gesundheit vollbringen, sondern auf eine schlauere, überlegtere Art.

2. Bewegung verbessert die Gehirndurchblutung

Durch Bewegung kommt dein Blut in Wallung, was auch dazu führt, dass dein Gehirn mit mehr Nährstoffen versorgt wird. Das fördert zusätzlich die Neubildung von Nervenzellen und damit deine Gedächtnisleistung – und je schneller und besser du denken kannst, desto mehr kannst du in kurzer Zeit schaffen.

Verschiedene Studien haben bewiesen, dass Probanden, die regelmäßig Sport treiben, bis zu 70 Prozent besser mit komplexen Entscheidungen umgehen können als die Testpersonen, die sich nur wenig bewegen.

3. Bewegung steigert deine Ausdauer

Durch regelmäßige Bewegung trainierst du auch deine Ausdauer. Das heißt, dass du an anstrengenden Tagen länger durchhalten kannst und nicht so schnell in die Knie gehst.

4. Bewegung wirkt antidepressiv

Eine höhere körperliche Aktivität regt unter anderem die Ausschüttung von Endorphinen an, das sind körpereigene Glückshormone. Außerdem werden mehr Neurotransmitter wie Serotonin und Noradrenalin produziert. Diese Botenstoffe wirken stimmungsaufhellend und somit gleichzeitig antidepressiv.

5. Bewegung verbessert allgemein deine Gesundheit

Doch nicht nur durch den Abbau der Stresshormone wirkt Bewegung gesundheitsfördernd, der Körper verbraucht so auch mehr Energie, da der Fett- und Zuckerstoffwechsel angekurbelt wird. Schon regelmäßiges Sporttreiben mit moderater Intensität kann daher helfen, das Risiko eines Herzinfarkts, eines Schlaganfalls und einer Krebserkrankung zu senken.

Du siehst also: Ausreichende Bewegung ist ein Turbo, wenn du mehr schaffen möchtest, ohne geschafft zu sein.

Bewege dich besser kurz, aber regelmäßig, als lang und unregelmäßig

Du musst nicht gleich zum Supersportler werden, um den positiven Effekt von Bewegung zu spüren. Bau lieber kurze, aber regelmäßige Bewegungseinheiten in deinen Alltag ein, als dich einmal alle drei Wochen für drei Stunden im Fitnessstudio zu quälen.

Wenn du dich jeden Tag zweimal für 10 bis 20 Minuten intensiv bewegst, wirst du schon bald einen spürbaren Unterschied bei deinem Energielevel feststellen.

Kurze Bewegungseinheiten könnten sein:

- Joggen
- Fahrradfahren
- Yoga
- Fitnessübungen
- ...

Genauso kannst du aber auch einfach vor und nach der Arbeit Spaziergänge in höherem Tempo machen oder abends mit deinen Kindern intensiv toben. So vereinst du direkt Bewegung, Familienzeit und Spaß miteinander. Wenn du einen Hund hast, dann tobe immer mal wieder mit ihm. Er wird in jedem Fall mehr Ausdauer haben als du.

Tappe nicht in die Sofa-Falle

Wenn du dich abends erst mal zu Hause aufs Sofa fallen lässt, bevor du auch nur an deine abendliche Trainingseinheit denkst, dann hast du schon verloren. Denn sicher weißt du aus Erfahrung, welche magische Anziehungskraft so eine bequeme Couch hat. Du wirst so schnell nicht mehr davon loskommen.

Deshalb: Setz dich sofort sportlich in Bewegung, sobald dein Arbeitstag rum ist. Dadurch schlägst du dem attraktiven Sofa ein Schnippchen und kannst es umso mehr genießen, wenn du es dir dann dort nach vollbrachter Bewegungseinheit gemütlich machst.

Nutze deinen Heimweg für Bewegung

Wenn du mit öffentlichen Verkehrsmitteln zur Arbeit fährst, dann steig einfach auf dem Heimweg eine Haltestelle früher aus und laufe das letzte Stück. Dadurch integrierst du eine Bewegungseinheit schon in deinen Heimweg. Genauso kannst du dir auch überlegen, zumindest einen Teil der Strecke zu deinem Job mit dem Fahrrad zu fahren.

Einer meiner Klienten hat sich dazu zwei günstige gebrauchte Räder angeschafft. Mit dem einen fährt er morgens zu einer von seinem Haus etwas weiter entfernt liegenden Haltestelle und lässt es dort bis zum Abend stehen. Aus dem Zug steigt er dann eine Station eher aus, als er müsste. Dort steht sein zweites Fahrrad bereit, mit dem er den restlichen Weg zu seiner Arbeitsstelle fährt. Auf dem Heimweg geht das Ganze dann andersherum.

Mehr Bewegung im Homeoffice

Solltest du im Homeoffice arbeiten, dann gewöhne dir an, bevor du an den Schreibtisch gehst, eine Runde um den Block zu laufen. Das gleiche Prozedere nach Feierabend. Zum einen kommst du so zu deiner Bewegung, und zum anderen trennst du durch dieses Ritual die Arbeitszeit deutlich von der Freizeit. Das gibt dir Struktur und hilft dir, nach dem Job abzuschalten.

Zusätzlich empfehle ich einen höhenverstellbaren Schreibtisch. Dadurch kannst du mehrfach am Tag zwischen Sitzen und Stehen wechseln. Auch das tut deinem Körper gut.

Werdet gemeinsam stark

Wenn du dir einen Partner suchst, mit dem du deine Bewegungseinheiten absolvierst, dann hat das zwei Vorteile:

1. Ihr könnt euch gegenseitig motivieren, wenn der eine mal einen Durchhänger hat.
2. Wenn du vor einer anderen Person das Commitment ablegst, dass du dich ab jetzt regelmäßig bewegen wirst, wird dich deine Ehre davon abhalten, zu schnell einzuknicken.

Gib Bewegung eine hohe Priorität

Wenn du dich entscheiden musst, ob du eher deinen Sport oder eine andere Aufgabe verschiebst, dann halte, wenn nur irgend möglich, am Sport fest. Du wirst dadurch so viel Stress los und gewinnst jede Menge neue Energie, sodass du das offene To-do auch später noch erledigen kannst. Sehr wahrscheinlich sogar viel schneller und effizienter als ohne den Bewegungs-Booster.

Die letzte grundlegende Energiequelle steht noch aus: Es ist deine Ernährung. Die verleiben wir uns ab der nächsten Seite ein.

Ernährung

»Der Mensch ist, was er isst«, sagte 1850 der Philosoph Ludwig Feuerbach, und diese Aussage hat bis heute nicht an Bedeutung verloren.

Wenn wir uns mit gehaltlosem Fast Food vollstopfen, Süßigkeiten zur Stressbewältigung vernaschen und mit chemischen Softdrinks unseren Durst stillen, dann ist es kein Wunder, wenn uns die Energie fehlt.

Ich bin immer wieder erstaunt, wie lange der menschliche Körper trotz schlechter Ernährung durchhält. Das ist auch sicher einer der Gründe, warum die meisten von uns nicht besser auf ihre Ernährung achten, denn irgendwie kommen wir ja trotz schlechter Essgewohnheiten über die Runden. Einer der vielen negativen Nebeneffekte: Wir vergeuden sinnlos Energie, um all die Giftstoffe zu verarbeiten, die wir unserem Körper tagtäglich zuführen.

Wenn du dich dagegen bewusst ernährst und deinen Körper mit den Nährstoffen versorgst, die er braucht, dann produzierst du Energiereserven, die du für all die Dinge einsetzen kannst, die du erledigen und erleben möchtest.

Dieses Buch ist kein Ernährungsratgeber. Dennoch möchte ich dich sensibilisieren, mehr auf deine Ernährung zu achten, und dir ein paar Grundprinzipien näherbringen, die wichtig für deinen Energiehaushalt sind.

In meiner Zeit beim Fernsehen hatte ich dazu ein einschneidendes Erlebnis. Ich habe damals für Disney gearbeitet und war viel für Drehs unterwegs. Es war kaum Zeit für ausgiebige Essenspausen. Mit meinem heutigen Wissen würde ich allerdings sagen: Ich habe mir die Zeit nicht genommen. Meine Lösung, um zumindest irgendetwas zwischen die Zähne zu bekommen, war, mir am nächsten Kiosk oder der Tankstelle, an der wir sowieso zum Tanken halten mussten, ein paar Schokoriegel zu kaufen und sie unterwegs zu essen. Ich merkte mit der Zeit, dass mir immer mehr die Kraft fehlte. Als ich deswegen meinen Arzt Dr. Frost konsultierte, lud er mich zu einem Experiment ein. Er sagte: »Verzichten Sie die nächsten zwei Wochen auf so viel Zucker wie möglich!«

Ich ließ mich darauf ein. Was sich in der Theorie simpel anhörte, war für mich in der Praxis am Anfang hart. Zum einen stellte ich fest, dass ich meinen Speiseplan extrem umstellen musste, da ich mich zuvor stark von zuckerhaltigen Speisen ernährt hatte. Zum anderen fühlte ich mich so wie ein Süchtiger, der auf Entzug war. Später lernte ich, dass wir Menschen tatsächlich süchtig nach Zucker sind. Er gibt uns einen schnellen Kick, und wir fühlen uns gut. Da der ungesunde Industriezucker aber schnell im Körper abgebaut wird, fällt unser Zuckerspiegel schnell wieder ab. Das sorgt bei uns für Unwohlsein, und so legen wir mit der nächsten Zuckerdosis nach. Nach kurzer Zeit geht dann das Spiel wieder von vorne los.

Als ich ein paar Tage komplett ohne Süßigkeiten und stark gezuckerte Speisen durchgehalten hatte, fing es an, mir besser zu gehen, und die Entzugserscheinungen waren weg. Durch die gesündere und bewusstere Ernährung ging es mir von Tag zu Tag besser, und ich hatte auch nach einem langen Drehtag noch Energie. Anstelle von Schokoriegeln habe ich von da an Obst als »Notfallsnack« gegessen.

Seitdem achte ich auf das, was ich esse, und wenn ich in anstrengenden Projekten bin, ernähre ich mich besonders ausgewogen.

Aber was macht denn eine ausgewogene Ernährung aus, außer möglichst wenig Zucker zu essen?

Paleo, Raw Food, Trennkost, Low Carb … es gibt so viele Ernährungskonzepte, und alle reklamieren für sich, der gesündeste Weg zu sein. Um herauszufinden, welche der etlichen Ernährungsphilosophien die beste ist, hat der US-amerikanische Arzt und Autor David L. Katz sie untersucht und kam zu dem Schluss: Es gibt nicht die eine perfekte Ernährungsart. Deshalb ist mein Tipp: Probiere verschiedene Richtungen aus, bis du die gefunden hast, die am besten zu dir passt. Unter anderem spielt auch eine Rolle, welche Lebensmittel du nicht verträgst oder nicht magst.

Grundsätzlich solltest du auf Folgendes achten:

Mach keine Diäten!

Vielleicht wunderst du dich über diese Aussage. Denn Diäten helfen doch, um abzunehmen, oder? Das stimmt. Allerdings steuerst du geradewegs auf einen Jo-Jo-Effekt zu, wenn du dich ein paar Wochen mit einer Diät kasteist und dann wieder so isst wie zuvor. Deshalb raten auch Ernährungsexperten dazu, keine kurzzeitigen Diäten zu machen, sondern lieber die Ernährung komplett umzustellen. Nur so wirst du dauerhaft gesund und fit bleiben. Das bedeutet aber nicht, dass du ab sofort auf alles verzichten musst, was dir schmeckt. Es geht vielmehr darum, anstelle von vorübergehenden radikalen Änderungen besser kleine Optimierungen vorzunehmen, die du langfristig durchziehst. Trink zum Beispiel öfter mal Wasser anstatt eines Softdrinks, leg etwas mehr Gemüse als Fleisch auf den Teller oder iss mehr Vollkornprodukte.

Die Grundlagen gesunder Ernährung

Egal, für welche Ernährungsform du dich entscheidest, es gelten immer dieselben Grundlagen: Du solltest deinem Körper die wichtigsten Makro- und Mikronährstoffe zuführen. Die Deutsche Gesellschaft für Ernährung gibt hierzu folgende Empfehlung für die Zusammenstellung deiner Ernährung:

50 bis 55 Prozent Kohlenhydrate

Sie sind die wichtigste Energiequelle für deinen Körper. Damit du nicht der »Zuckersucht« verfällst, solltet du vor allem komplexe Kohlenhydrate (Vollkorn, Gemüse) zu dir nehmen, die den Blutzucker nicht sprunghaft ansteigen und abrupt wieder abfallen lassen.

10 bis 15 Prozent Eiweiß

Das ist dein Proteinlieferant. Die darin enthaltenen Aminosäuren sind die Grundbausteine für deine Muskeln, Organe, Knorpel, Knochen, Haut, Haare und Nägel. Auch für deinen Stoffwechsel sind sie wichtig. Tierische Eiweiße stecken in Eiern, Wurst, Fisch, Fleisch und Milchprodukten. Proteine kannst du aber auch über Hülsenfrüchte und Getreide zu dir nehmen.

30 Prozent Fett

Macht Fett nicht dick? Nicht, wenn du es in gesunden Dosen und der richtigen Qualität zu dir nimmst. Dein Organismus benötigt es einerseits, um bestimmte Vitamine (Vitamin A, D, E, K) lösen zu können, und andererseits als vor Kälte schützende Isolationsschicht. Zu den »guten« Fetten zählen die ungesättigten Fettsäuren, wie du sie zum Beispiel in Nüssen, Samen, Fisch und Olivenöl findest. Gesättigte Fettsäuren, wie in Butter oder Frittierfett, solltest du meiden.

Vermeide Fertiggerichte

In Fertigkost sind oft viel Salz und Zusatzstoffe, Geschmacksverstärker oder Zucker verarbeitet. Das ist auf Dauer ungesund. Als Faustregel gilt: Je kürzer die Zutatenliste, desto besser. Und du weißt, wie lang meist die Übersicht der Inhaltsstoffe auf den Packungen von Fertigpizza und Co. ist.

Sensibilisiere dein Hungergefühl

Hunger ist eine wichtige Signalfunktion, mit der dir dein Körper Mängel anzeigt. Dass wir uns trotzdem nicht instinktiv gesund ernähren, liegt daran, dass wir dieses natürliche Signal überlagern durch feste Essenszeiten oder Rituale: Mittwochs ist Schnitzeltag, und morgens gibt es immer dasselbe zum Frühstück. Achte in Zukunft bewusster darauf, wann du wirklich Hunger bekommst, und vor allem, worauf. Iss nicht aus Gewohnheit, sondern aus Verlangen. Warum haben Schwangere plötzlich Heißhunger auf Gurken, Erdbeeren oder Nutella? Weil bei ihnen die »Nährstoffmangelerkennung« perfekt funktioniert. Und das kannst du auch, ohne schwanger zu sein, wenn du mehr auf deinen Körper hörst.

Ich mache es oft bei den großen Frühstücksbüfetts in Hotels so, dass ich erst mal an allen angebotenen Speisen langsam vorbeigehe und in mich reinhorche, worauf ich jetzt gerade Lust habe. Mal sind es Brötchen mit Marmelade, mal Rührei und dann wieder Lachs. Das zeigt mir deutlich, dass ich je nach Tagesform andere Nährstoffe brauche. In diesem Kontext auch der Tipp: Iss lieber öfter und wenig, als dich dreimal am Tag mit großen Portionen zu belasten.

Vergiss das Trinken nicht

Als erwachsener Mensch bestehst du zu 65 Prozent aus Wasser, Säuglinge sogar zu 80 Prozent – das ist fast so viel wie bei einer Gurke! Wasser ist also im wahrsten Sinne des Wortes unser Lebenselixier. Damit dein Körper nicht dehydriert, dein Stoffwechsel ungestört abläuft, Giftstoffe abtransportiert werden können und deine Verdauung funktioniert, ist es wichtig, dass du genug trinkst.

Aber wie viel ist denn genug? Das hängt von deiner Körpermasse, deinem Geschlecht, der Umgebungstemperatur und deiner Tätigkeit ab. Im Schnitt sagt man, dass wir zwei bis vier Liter Wasser pro Tag brauchen. Bevor du jetzt ausrufst: »Waaaas? So viel?«, kann ich dich beruhigen: Etwa einen Liter davon nehmen wir über unsere Nahrung auf. Gurken, Tomaten und Wassermelonen zählen dabei zu den top Flüssigkeitsspendern. Bleiben also noch ein bis drei Liter, die du pro Tag trinken solltest. Je ungesüßter deine Getränke sind, desto besser.

Damit du auf dein Tagespensum kommst, stell dir am besten schon morgens eine große Flasche oder Karaffe mit Wasser bereit. Du solltest sie so positionieren, dass du sie möglichst oft im Blick hast, um dich immer wieder an das Trinken zu erinnern.

Übrigens: Einfach die Flasche in einem Zug leer trinken, damit du es hinter dir hast, funktioniert nicht. Dein Darm kann nur 500 bis 800 Milliliter Wasser pro Stunde aufnehmen, alles andere wird einfach wieder ungenutzt ausgeschieden. Ein kleineres Glas pro Stunde ist optimal.

Mit regelmäßigen Pausen, qualitativem Schlaf, guter Bewegung und gesunder Ernährung weißt du nun, wie du für eine solide Grundenergie sorgst. Im nächsten Teil geht es jetzt um die »Powerstrategie«. Hier zeige ich dir, wie du diese gesammelte Energie optimal nutzen kannst, um mehr zu erreichen.

TEIL 2
Die Powerstrategie: Zeit zum Durchstarten

Energie zu haben ist das eine, sie intelligent zu investieren das andere. In diesem Teil mache ich dich mit der Powerstrategie vertraut, die dir hilft, deine Kräfte sinnvoll zu nutzen, um mehr zu schaffen, ohne geschafft zu sein.

Startvorbereitungen:
Deine Morgenroutine

Kennst du auch solche Tage, an denen es von Anfang an rundläuft und du vieles schaffst? Und dann gibt es diese Morgen, an denen du mit dem »falschen Fuß« aufgestanden bist und dir nichts gelingen will?

Wie wir in den Tag starten, hat einen sehr großen Einfluss darauf, wie er verlaufen wird. Mit der richtigen Morgenroutine trägst du dazu bei, dass du später im Tagesverlauf viel schaffst.

»Meine Tage sind eh schon so voll, ich habe keine Zeit für eine Morgenroutine!«, geht dir vielleicht beim Lesen dieser Zeilen durch den Kopf. Ich möchte dir dazu zwei neue Perspektiven aufzeigen: Zum einen ist die Zeit, die du dir am Morgen für dich nimmst, gut investiert. Zum anderen hast du auch jetzt schon eine Morgenroutine, die dir vielleicht gar nicht bewusst ist. Es geht also eigentlich nur darum, deine Gewohnheiten nach dem Aufstehen so zu optimieren, dass sie dir zu einem noch besseren Start verhelfen.

Falls du noch daran zweifelst, dass du aktuell wirklich schon eine Morgenroutine hast:

Drückst du nach dem Weckerklingeln noch zwei- bis dreimal auf die Snooze-Taste, oder stehst du direkt auf?

Ist dein erster Weg ins Bad oder zur Kaffeemaschine?

Schaltest du dein Handy direkt nach dem Aufstehen an oder erst, wenn du das Haus verlässt?

Was frühstückst du, oder isst du morgens gar nichts?

All das sind unterschiedliche Rituale! Die Frage ist nur, ob sie für einen wirklich guten Start in den Tag sorgen. Wenn du dir dagegen schon morgens Zeit nimmst für das, was dir guttut und was dir Freude bringt, dann wirst du den ganzen Tag über produktiver, gelassener und glücklicher sein.

Nutze deine Zeit

Gerade wenn du eine Familie hast oder früh losmusst, ist die Zeit vor dem Aufbruch beziehungsweise vor deinem Arbeitsbeginn zu Hause knapp bemessen. Scheinbar bleibt da keine Zeit für kraftgebende Rituale. Ich sage: »Doch!« Und seien es nur fünf wertvolle Minuten. Frage dich deshalb als ersten Schritt:

▶ *» Wie viel Zeit habe ich jeden Morgen wirklich zur Verfügung?«*

Du kannst dir dann überlegen, wie du diese Zeit noch etwas ausdehnen kannst. Zum Beispiel:

- Steh sofort auf, anstatt dich noch mehrfach im Bett umzudrehen.
- Stell deinen Wecker ein paar Minuten früher.

- Leg dir schon abends die Kleidung für den nächsten Tag raus, das spart dir Zeit am Morgen.
- Schau nicht auf das Handy, bis du das Haus verlässt. Dadurch kommst du gar nicht erst in die Versuchung, die Zeit mit Mails, WhatsApp & Co. zu verbringen.
- …

Die richtige Morgenroutine

Was ist denn nun die richtige Art, den Tag zu beginnen? Ist es schlau, sich daran zu orientieren, wie erfolgreiche Menschen es machen? Hier ein paar Beispiele:

- Bill Gates, der ehemalige Microsoft-Chef, las nach dem Aufstehen auf dem Laufband Unternehmensberichte.
- Tim Cook, der Geschäftsführer von Apple, steht immer gegen 03:45 Uhr auf und nutzt die erste Stunde, um User-Kommentare von Kunden zu lesen. Das ist ihm wichtig, weil er möchte, dass Apple ein gutes Verhältnis zu seinen Kunden hat.
- Jeff Bezos, der Gründer von Amazon, ließ es sich bis zu seiner Scheidung nicht nehmen, den Morgen mit der Familie zu verbringen. Er bereitete für alle das Frühstück zu und kümmerte sich auch um den Abwasch.
- Claus Hipp, der »Vater« der Babynahrung, fährt jeden Morgen als Erstes zur Wallfahrtskapelle seines Heimatorts, um dort zu beten.
- Ludwig van Beethoven startete jeden Tag mit einem Kaffee aus exakt 60 Kaffeebohnen, die er nach dem Aufstehen abzählte.
- Victor Hugo, der französische Autor, ließ sich immer

durch einen Gewehrschuss wecken, aß dann zwei rohe Eier und badete auf dem Dach seines Hauses in Wasser, das über Nacht draußen gestanden hatte.

Dir ist sicher aufgefallen, dass jeder dieser Erfolgsmenschen etwas anderes braucht(e), um gut in den Tag zu starten. Deshalb ist es in meinen Augen sinnlos, wenn propagiert wird: »Starte den Tag wie *Erfolgsmensch X*, und du wirst selbst erfolgreicher!«

Viel zielführender ist es, wenn du dir erst mal selbst darüber klar wirst, was dir guttut, und daraus dann deine Morgenroutine strickst, die in das Zeitfenster passt, das du hast.

Mach dir eine Liste, was dir alles guttut.

Hier ein paar Beispiele:

- Lesen
- Hörbücher hören
- Podcast hören
- Rätsel lösen
- Sprachen lernen
- Musik hören
- Musik machen
- Tanzen
- Spielen
- Schreiben
- Baden
- Yoga
- Sport
- Meditieren
- Fotografieren
- …

Dann gehe in Gedanken durch, was du jeden Morgen nach dem Aufstehen machst, und analysiere:

▶ »Wie viel Zeit verbringe ich aktuell nach dem Aufstehen mit Dingen, die mir wirklich guttun?«

Du wirst sehr wahrscheinlich feststellen, dass da noch viel Luft nach oben ist. Mach dir deshalb einen Plan für deine perfekte Morgenroutine. Erlaube dir dabei, ganz frei darüber nachzudenken, wie dein idealer Start in den Tag wäre. Schränke dich bei deinen Überlegungen nicht ein, es ist ja erst mal nur ein Plan, der nicht zu hundert Prozent realistisch sein muss. Du sollst dir vielmehr durch das freie »Träumen« bewusster werden, was du wirklich brauchst, um den Tag gut zu beginnen.

Wenn du magst, dann schreibe deine »Perfekte Morgenroutine« direkt hier ins Buch. Auf der nächsten Seite findest du eine Vorlage dafür.

Wenn du das Blatt ausgefüllt hast, lass dir ruhig ein paar Tage Zeit, um immer wieder auf den Plan zu schauen und zu überprüfen, ob er schon rund ist oder ob noch etwas fehlt.

Bist du zufrieden, dann ist jetzt der richtige Moment, um deinen Plan alltagstauglich zu machen. Was kannst du genau so umsetzen, wie du es dir vorgestellt hast? Was ist nötig, damit du alles umsetzen kannst? Wie musst du den Plan anpassen, damit er tatsächlich funktioniert?

Auch wenn es herausfordernd für dich sein kann, deinen Plan alltagstauglich zu machen, schmeiß ihn nicht komplett über Bord! Sei dir selber wichtig genug, um dir einen guten Start in den Tag zu ermöglichen.

MEINE **PERFEKTE** MORGENROUTINE

UHRZEIT   **TÄTIGKEIT**

Jetzt kannst du anfangen, deine (angepasste) perfekte Morgenroutine in die Tat umzusetzen. In den ersten Tagen wird es dir vielleicht schwerfallen dranzubleiben. Das ist ganz normal. Zum einen, weil wir Menschen »Gewohnheitstiere« sind und leicht in alte Muster zurückfallen. Zum anderen kann es sein, dass dein Partner oder deine Familie mit Skepsis oder Widerstand auf dein neues Ritual reagieren. Hol sie einfach mit an Bord! Wenn ihr gemeinsam eure Morgenroutinen optimiert, könnt ihr euch besser gegenseitig unterstützen und lernt auch noch gleichzeitig etwas über die Vorlieben des anderen.

Bleib mindestens zwei Wochen am Ball und mach alles so wie geplant. Dann ist es Zeit für einen ersten Check-up:

- Was läuft gut bei deiner neuen Morgenroutine?
- Was sollte angepasst werden?
- Was ist zu viel?
- Was fehlt?

Mache dann Änderungen, falls nötig, und teste den überarbeiteten Plan wieder zwei Wochen lang. Dann kommt der nächste Check-up, in dem du überprüfst, ob jetzt alles optimal ist.

Wichtig ist, dass dein Morgenritual dich nicht stresst, sondern dir einen leichten Start in den Tag ermöglicht. Um es mit einem berühmten Kampfkünstler zu sagen:

Es bringt nichts, jeden Tag dasselbe zu tun,
nur weil man es sich selbst irgendwann auferlegt hat,
im Glauben, dass es das Beste wäre.

Bruce Lee

Routinen sparen Energie

Wenn du dich für eine bewusste Morgenroutine entscheidest, dann gibt diese dir nicht nur Energie, sie spart auch noch welche! Zum einen dadurch, dass du Verhalten vermeidest, das dir nicht guttut, zum anderen schaffen die immer gleichen Abläufe Struktur und Stabilität. Du musst nicht darüber nachdenken, was du als Nächstes tust, und musst keine komplizierten Entscheidungen treffen. Das ist wie Urlaub für dein Gehirn.

Folge deinem Bauchgefühl

Möglicherweise gehört es aber zu deiner Morgenroutine, dass du einen Teil deiner Zeit immer etwas anders verbringst, je nachdem, wonach dir gerade ist. Am einen Morgen bringt dich vielleicht ein Spaziergang in Schwung, am nächsten Tag ist es eine Meditation oder Lesen. Auch das ist in Ordnung, denn dadurch lernst du, ein besseres Gespür für dich und deine Bedürfnisse zu bekommen.

Durch deine Morgenroutine startest du schwungvoll in den Tag. Damit du auch den Rest der Zeit kraftvoll unterwegs bist, solltest du drei »Power-Booster« nutzen. Sie bilden den Kern der »Powerstrategie«. Ich stelle sie dir auf den nächsten Seiten vor.

Die drei »Power-Booster«

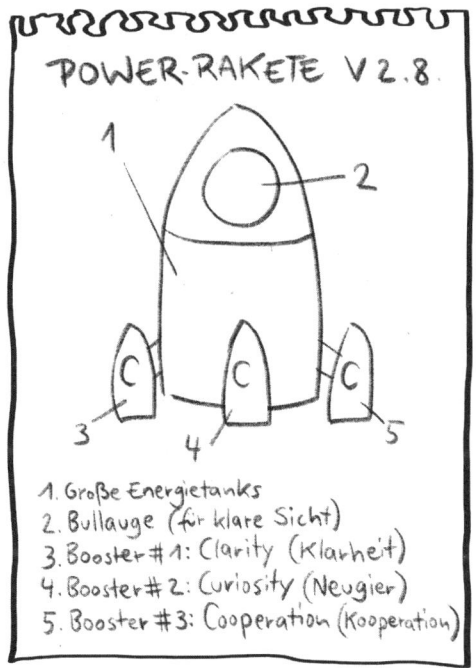

POWER-RAKETE V 2.8.

1. Große Energietanks
2. Bullauge (für klare Sicht)
3. Booster #1: Clarity (Klarheit)
4. Booster #2: Curiosity (Neugier)
5. Booster #3: Cooperation (Kooperation)

Was nutzen dir deine Energiereserven, die du durch Schlaf, Pausen, Bewegung und gute Ernährung gesammelt hast, wenn du sie nicht sinnvoll nutzt? Du kannst deine PS nur auf die Straße bringen, wenn du die richtigen Gänge einlegst und die Handbremse löst. Entscheidend dafür ist deine innere Einstellung, deine psychische Verfassung oder auf Neudeutsch dein »Mindset«.

In meinen Jahren als Coach haben sich für mich drei Faktoren herauskristallisiert, die als Schlüssel dienen, um schneller und leichter ans Ziel zu kommen. Es ist der dreifache Vitamin-C-Booster für deine Leistungsfähigkeit:

Power-Booster #1: Clarity – Klarheit

Je klarer du weißt, was du erreichen möchtest und warum, desto motivierter bist du, desto leichter kannst du Wichtiges von Unwichtigem trennen und desto eher wirst du effiziente Wege finden, um deine Ziele zu erreichen.

Power-Booster #2: Curiosity – Neugier

Neugier ist wie ein Magnet, der dich anzieht. Je neugieriger du mit Herausforderungen und Veränderungen umgehst, desto leichter und schneller wirst du sie überwinden und für dich nutzen.

Power-Booster #3: Cooperation – Kooperation

Mit anderen zu kooperieren bringt dich schneller voran, als zu glauben, alles alleine meistern zu müssen. Freunde, Familie und Kollegen sind wertvolle Experten, die dich nicht nur fachlich, sondern auch mental unterstützen können.

Im Folgenden gehe ich auf jeden der Power-Booster intensiv ein, sodass du lernst, wie du ganz leicht alle drei für dich nutzen kannst. Wird es dann mal irgendwo im Alltag schwer für dich, reicht es, wenn du dich fragst: »Nutze ich gerade alle drei Cs?« Meistens wirst du dann feststellen, dass entweder Clarity (Klarheit), Curiosity (Neugier) oder Cooperation (Kooperation) fehlt.

Durch das Wissen aus den nächsten Kapiteln kannst du dann die inaktiven Booster für dich aktivieren. Du wirst sehen, dass dadurch vieles plötzlich um einiges leichter geht.

Power-Booster #1: Clarity – Klarheit

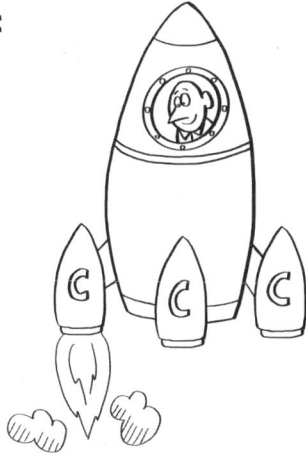

Warum Klarheit so wichtig ist

Vor jedem Flugzeug- oder Raketenstart gehört es zum Standard, eine Checkliste durchzugehen. Es wird dabei unter anderem überprüft, ob das Flugziel und die Route richtig in den Bordcomputer eingegeben wurden, die angemessene Treibstoffmenge im Tank ist und ob alle Sicherheitssysteme funktionieren.

Wir dagegen starten in unser tägliches Leben ohne diese Checks. Wir wollen viel erreichen, geben Vollgas, ohne uns vorher die nötige Klarheit über Ziel, Route und Sicherheitsvorkehrungen zu verschaffen. Wir versuchen im wahrsten Sinne des Wortes, Dinge »on the fly« hinzukriegen. Das ist auch ein Weg, der meist gut geht und irgendwie funktioniert. Allerdings verbrennen wir dabei oft unnütz Energie, weil wir in eine vollkommen falsche Richtung steuern oder nicht die effizienteste Route gewählt haben.

Deshalb ist »Klarheit« für mich einer der stärksten Booster, wenn du mehr erreichen willst.

Wie versuchst du, Klarheit über all die Dinge zu bekommen und zu behalten, die du zu tun hast? Vielleicht schreibst du dir To-do-Listen oder benutzt spezielle Apps und Programme, um deine Aufgaben zu verwalten. Oder gehörst du zu denen, die überall Post-its und Notizzettel verteilen, um nichts zu vergessen?

Wir verwenden viel Zeit darauf, uns solche Systeme zu überlegen, um vermeintliche Klarheit zu haben, WAS zu tun ist. Einen wichtigen Schritt, der immer zuallererst kommen sollte, vergessen wir dabei aber oft: Wir machen uns zu wenig Gedanken darüber, WARUM wir überhaupt all diese Dinge tun. Wenn du dir bei jeder Aufgabe erst mal Gedanken über das »Warum« machst, können zwei Dinge geschehen:

Entweder dir wird der Sinn deiner Aufgabe bewusster, und du hast dadurch eine größere Motivation, sie zu erledigen. Oder du erkennst, dass die Aufgabe für dich eigentlich sinnlos ist, du sie nur aus Gewohnheit auf der Liste hast oder um es jemand anderem recht zu machen.

Beide Erkenntnisse können richtige Power-Booster für dich sein, weil sie dir entweder neue Kraft geben oder dir helfen, deine To-do-Liste zu entschlacken.

Aber der Reihe nach:

Wie wirst du dir über das »Warum« einer Aufgabe bewusst?

Geh deine To-do-Listen durch und stell dir bei jeder Aufgabe folgende Fragen:

KLARHEITSFRAGEN

Welchem Ziel dient diese Aufgabe?

Was wird durch die Erledigung dieser Aufgabe möglich?
Was würdest du nur schwer erreichen,
wenn du diese Aufgabe nicht erledigst?

↓

Ist es eines deiner Ziele oder das eines anderen?

Überprüfe dein Ziel mit dem Wissen
aus dem Abschnitt »Wann ergibt eine
Aufgabe für dich Sinn?«

Mein Ziel | **Ziel eines anderen**

Beleuchte das Thema näher mit
den Inhalten aus dem Kapitel
»Energieverschwender #2: Es den
anderen recht machen wollen «

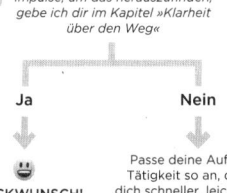

Bist du schon auf dem besten Weg?

Impulse, um das herauszufinden,
gebe ich dir im Kapitel »Klarheit
über den Weg«

Ja | **Nein**

☺
GLÜCKWUNSCH!

Passe deine Aufgabe /
Tätigkeit so an, dass sie
dich schneller, leichter oder
motivierter zum Ziel führt.

Am Anfang brauchst du vielleicht etwas länger, um all diese Aspekte bei jeder Aufgabe zu beleuchten. Mit der Zeit wirst du immer schneller und hast immer weniger Aufgaben auf deiner Liste, die nicht zielführend für dich sind.

Wann ergibt eine Aufgabe für dich Sinn?

Bei manchen Dingen und Aufgaben haben wir das Gefühl: »Das fühlt sich richtig an!«, oder wir sagen aus vollem Herzen: »Ja, das will ich!« Genau diese Aufgaben fallen uns leichter als andere. Wovon hängt es denn ab, ob wir diesen Drive haben oder nicht? Dazu ein einfaches Beispiel:

Auf deiner To-do-Liste steht unter anderem »Lebensmittel einkaufen«. Vielleicht gehört das nicht zu deinen Lieblingsaufgaben, weil es dich einfach Zeit kostet, du keine Lust hast, in der Schlange an der Kasse zu stehen und es eine Sisyphos-Arbeit ist: Kaum hast du die Lebensmittel nach Hause geschafft, macht sich deine Familie darüber her, und zwei Tage später kannst du schon wieder einkaufen gehen.

Möglicherweise magst du es aber auch, einkaufen zu gehen, weil dir Genuss, gesunde Ernährung oder deine Familie wichtig sind. All das sind Beispiele für persönliche Werte: Genuss, Gesundheit und Familie. Je mehr deiner persönlichen Werte durch eine Aufgabe erfüllt werden, desto mehr Sinn siehst du darin und desto motivierter und kraftvoller wirst du sie angehen.

Sind deine Werte dagegen nicht erfüllt oder widerspricht eine Aufgabe ihnen komplett, dann fallen dir diese Tätigkeiten schwerer, weil dir der Sinn fehlt.

Ein anderes Beispiel: Angenommen, dir ist Freiheit wichtig. Auf deiner To-do-Liste steht nun unter anderem, dass du umfangreiche Daten akribisch für das Finanzamt zusammenstellen sollst. Wahrscheinlich wirst du es lange vor dir herschieben, die Sache anzugehen, und wirst sie nur mit Widerwillen erledigen. Die Ursache: Die Aufgabe beschränkt dich in deiner geliebten Freiheit, weil sie so strukturiert und kleinteilig ist.

Zählen dagegen Struktur und Genauigkeit zu deinen wichtigsten Werten, wirst du diese Aufgabe vermutlich lieben, und sie wird dir leicht von der Hand gehen.

Wahrscheinlich hast du jetzt schon richtig kombiniert: Wenn du deine Werte kennst, kannst du deine Aufgaben ganz bewusst stärker so gestalten, dass sie möglichst viele deiner Werte erfüllen.

Vielleicht regt sich gerade eine kritische Stimme in dir, die sagt: »Aber ich kann doch nicht nur noch Aufgaben machen, auf die ich Lust habe! Das Leben ist doch kein Wunschkonzert!« – Das stimmt! Aber du kannst mit einem guten Wertebewusstsein deinen Aufgaben mehr Sinn geben.

Lass uns bei dem Beispiel bleiben, dass dir Freiheit wichtig ist und du diese umfangreiche Liste für das Finanzamt anfertigen musst. Wie kannst du mehr Freiheit in diese Aufgabe bringen? Mir fallen dazu drei Wege ein:

1. Du delegierst die Aufgabe an deinen Steuerberater oder einen vertrauenswürdigen Menschen, der solche Aufgaben liebt.
2. Du machst dir bewusst, dass du vielleicht aufgrund der Daten in der Liste Anrecht auf eine Steuerrückzahlung

hast. Dieses zusätzliche Geld beschert dir eine etwas größere finanzielle Freiheit. So erfüllt diese akribische Aufgabe also indirekt doch noch deinen Wert »Freiheit«.

3. Du überlegst dir vor der Erledigung der nervigen Aufgabe, womit du dich anschließend belohnst. Du könntest die Belohnung so wählen, dass sie deinen Wert Freiheit befriedigt.

Ich denke, wenn du dir etwas Zeit nimmst, wirst du auf diese Art auch den meisten deiner im ersten Moment nervig wirkenden Aufgaben einen größeren Sinn geben können, da sie (indirekt) doch noch deine Werte erfüllen.

Damit das funktioniert, musst du dir deiner Werte bewusst sein. Falls du sie noch nicht kennst, hilft dir das folgende Tool dabei, sie kennenzulernen.

 Tool »Werte-Analyse«

Wenn du dich fragst, was genau alles zu den Werten zählt, dann hier ein paar Beispiele:

Freiheit

    Sicherheit

        Status

  Macht

      Struktur

    Abwechslung

        Leichtigkeit

      Wertschätzung

  Harmonie

        Familie

     Vertrauen

...

Im Anhang dieses Buchs findest du eine umfangreichere Liste mit vielen weiteren Werten.

Jeder Mensch hat aufgrund seiner Erfahrung und seiner Erziehung andere Werte. Das ist neben den eigenen Fähigkeiten und Kompetenzen ein weiterer Grund, warum der eine bestimmte Aufgaben liebt, während der andere sie hasst. Und so filterst du deine Werte heraus:

1. Falls du noch keine geschriebene To-do-Liste für die nächste Woche hast, fertige eine an. Darauf sollten all deine privaten und beruflichen Aufgaben stehen. Die kleinen wie »Einkaufen gehen« genauso wie die großen wie »Konzept entwickeln« … – ja, ich weiß, das wird eine lange Liste.

2. Geh die Liste durch und kennzeichne jede Aufgabe entsprechend deinem Gefühl:

+ macht mir Spaß

o ist okay

− macht mir überhaupt keinen Spaß

3. Hinterfrage bei jeder Aufgabe, die du mit »+« gekennzeichnet hast, welchen deiner Werte sie erfüllt. Notiere die zutreffenden Werte hinter den betreffenden Aufgaben.

Manchmal erfüllt eine Aufgabe auch mehrere Werte. Wenn du zum Beispiel deine Kinder gerne zum Sport fährst, könnte dies dafür sprechen, dass zu deinen wichtigsten Werten zählt: Familie, Verantwortung, Zuverlässigkeit und Gesundheit.

Wenn du es liebst, im Job Analysen zu schreiben, könnte das bedeuten, dass dir Struktur, Effizienz und Verantwortung wichtig sind.

Es kann sein, dass es dir am Anfang schwerfällt, immer direkt zu ermitteln, welcher deiner Werte durch eine Aufgabe erfüllt wird. Es fühlt sich einfach gut an, die Aufgabe zu erledigen, aber du weißt vielleicht gar nicht so genau, warum. Lass dir bitte die Zeit, um darüber nachzudenken, denn je bewusster du dir über deine Werte wirst, desto nützlicher ist dir das später.

4. Jetzt ist es Zeit für die Auswertung: Welche Werte hast du hinter deine »+«-Aufgaben geschrieben, und wie oft tauchen sie auf deiner Liste auf? Je häufiger du sie notiert hast, desto wichtiger scheinen sie für dich zu sein. Aufgrund dieser Analyse kommst du zu einem Ranking deiner »Top 5 Werte«.

Diese Erkenntnisse kannst du jetzt unter anderem nutzen, um die Aufgaben, die du nicht so gerne magst, zu »pimpen«, ihnen einen größeren Sinn für dich zu geben. Hier die Anleitung, wie das funktioniert:

 Tool »Pimp my Task«

Gehe nun die von dir neutral mit »o« und als unliebsam mit »−« bewerteten Aufgaben auf deiner Liste durch und überlege, wie du sie so gestalten oder ändern kannst, dass sie mehr deiner Werte erfüllen.

Wenn dir zum Beispiel Freiheit wichtig ist und auf deiner Liste steht, dass du noch Fleißaufgaben am Computer erledigen musst, dann könntest du dir zumindest ein bisschen Freiheit verschaffen, indem du entscheidest, wo du dich mit deinem Laptop hinsetzt, wenn du diese stupide Aufgabe erfüllst. Vielleicht einmal zu Hause an den Küchentisch, ein andermal in ein Café oder in einen Park. Möglicherweise sitzt du dabei auch gar nicht, sondern stehst oder liegst auf dem Bauch auf dem Boden.

Wenn »Geburtstagskarte basteln« eines deiner To-dos ist und du solche kreativen Aufgaben hasst, weil dir Struktur wichtig ist, dann überlege dir, wie du mehr Struktur hineinbringen kannst. Vielleicht indem du im Internet nach einer Schritt-für-Schritt-Anleitung suchst, die dich strukturiert durch den Bastelprozess führt.

Das sind nur zwei Beispiele zu deiner Orientierung. Finde du deinen eigenen, für dich stimmigen Weg. Manchmal reicht es auch schon, deine Einstellung zu der Aufgabe zu ändern, damit sie für dich sinn- und wertvoller wird. Vielleicht hilft dir das Bewusstsein, dass die Fleißarbeit nötig ist, damit du später mehr Freiheit und Sicherheit hast oder Ähnliches.

Es kann sein, dass du in einigen Fällen denkst: »Das geht nicht! Da gibt es nichts, um die Aufgabe für mich attraktiver zu machen!« Gib dir selber die Zeit, intensiv darüber nachzudenken. Ruhig auch ein paar Tage bei den besonders kniffeligen Fällen. Du wirst überrascht sein, auf welche zielführenden Ideen du kommst.

Wichtig ist, dass du dir nicht eine rosarote Brille aufsetzt und dir die Dinge vordergründig schönredest. Vielmehr solltest du in deinen Aufgaben einen für dich stimmigen Sinn entdecken.

Wir sind oft im täglichen Hamsterrad mit so vielen kleinen Aufgaben beschäftigt, dass wir das große Ganze aus dem Blick verlieren. Genau damit machen wir uns das Leben schwerer, als es sein müsste. Wir ackern und schuften und hoffen, dass wir irgendwann mal »fertig« sind, um auszuruhen und darüber nachzudenken, was wir eigentlich vom Leben wollen. Die Antwort auf die Frage »Wirst du denn jemals wirklich ›fertig‹ sein?« kennst du: »Nein!«

Genau deshalb solltest du dir jetzt die Zeit nehmen, darüber nachzudenken, wofür du all das tust, was du jeden

Tag auf der Liste hast. Wenn du dein »Wofür« kennst, dann hast du eine größere Klarheit über den Sinn deiner Tätigkeiten, kannst sie in Zukunft mehr danach ausrichten und wirst so mit mehr Energie an die Sache gehen. Eine Form, dein »Wofür« auszudrücken, ist deine Vision.

Visionen schaffen einen langfristigen Sinn

Was genau ist eine Vision eigentlich? Eine Vision beschreibt ein Bild der Zukunft. Vielleicht hast du schon mal von Unternehmensvisionen gehört. Die von Ikea ist zum Beispiel »To create a better everyday life for the many people«, zu Deutsch »Den vielen Menschen einen besseren Alltag zu schaffen«.

Oder Wikipedia: »A world in which every single person is given free access to the sum of all human knowledge«, übersetzt bedeutet das: »Eine Welt, in der jeder Mensch Zugriff auf das gesammelte Wissen der Menschheit hat.«

Eine gute Unternehmensvision ist groß und bildhaft. Groß, damit sie nicht zu schnell erreichbar ist und dadurch lange gültig sein kann. Bildhaft, weil sie dadurch für uns attraktiver ist. Bilder erzeugen Emotionen, und wir werden nun mal von Emotionen gesteuert.

Was für Bilder kamen dir in den Kopf, als du die Vision von Wikipedia gelesen hast? Ich habe vor meinem geistigen Auge schnell hintereinander einzelne Menschen unterschiedlicher Nationalitäten und Altersgruppen gesehen, die im Café, in der U-Bahn, im Park etc. sitzen und auf ihrem Handy oder Laptop etwas recherchieren. Alle strahlen vor Freude über ihre neuen Erkenntnisse, die sie durch Wikipedia gewonnen haben. Mir gefällt dieses Bild, und es hat dafür gesorgt, dass ich Wikipedia unterstütze. Ich spende jedes Jahr Geld für die Weiterentwicklung und den Erhalt der Seite, um die Realisierung der Vision zu unterstützen. Du siehst an diesem Beispiel, welche Kraft ein klares Zielbild haben kann, wenn du es attraktiv findest.

Es gibt leider viele Unternehmen, die keine Vision haben. Oder zumindest keine, die bewusst ist und intern und extern kommuniziert wird. Als Coach und Trainer bin ich in vielen verschiedenen Firmen unterwegs, und wenn ich das Thema »Vision« anschneide, höre ich oft so etwas wie: »Unsere Vision ist es, im Marktsegment X innerhalb der nächsten drei Jahre 46 Prozent mehr Umsatz zu machen!«

Wie geht es dir, wenn du das liest? Entstehen hier Bilder in deinem Kopf? Wahrscheinlich nicht. Es ist ja auch keine Vision im eigentlichen Sinne, sondern eher eine strategische Ausrichtung. Durch die fehlende Vision, die bildhaft und groß ist, verschenkt das Unternehmen viel Potenzial. Wenn es ein attraktives Zielbild gäbe, das positive Emotionen bei den Mitarbeitern auslöst, dann würden sie sich noch mehr für das Unternehmen engagieren. Stattdessen bekommen sie aber nur regelmäßig Excel-Tabellen mit neuen Kennzahlen und Vertriebszielen überreicht und sollen selber sehen, wie sie sich motivieren, um diese zu erreichen.

Ich begleite unter anderem Unternehmen dabei, ihre Vision zu entwickeln. Aus dieser Erfahrung kann ich sagen, dass sich der Spirit zum Positiven verändert, sobald die Vision gefunden und klar kommuniziert ist. Alle haben auf einmal ein gemeinsames großes Ziel, auf das sie zusammen hinarbeiten. Und wem die Vision nicht gefällt, der hat dann zumindest die Klarheit, dass er auf Dauer in diesem Unternehmen nicht glücklich werden wird und woanders vielleicht besser aufgehoben ist.

Du merkst: Eine Vision gibt Orientierung, und wenn sie für dich zudem attraktiv ist, motiviert sie dich.

Nutze die Kraft deiner Vision

Genauso wie ein attraktives, starkes Zielbild ein Unternehmen nach vorne bringt, wird auch dir deine persönliche Vision einen starken Antrieb geben.

Hast du eine Vision? Kannst du das große Ziel benennen, das du verfolgst?

Vielleicht möchtest du ein Unternehmen aufbauen, Menschen erfolgreicher machen, die Umwelt schützen, deine Kinder zu selbstbewussten Menschen erziehen oder Ähnliches.

Keine Sorge: Selbst wenn sie dir nicht bewusst ist: Tief in dir verborgen hast du bereits eine Vision ... sie ist nur noch unsichtbar für dich. In der Vergangenheit hast du sie vielleicht in Teilen schon gespürt. Jetzt ist es Zeit, sie freizulegen und sichtbar zu machen, sodass sie dir noch mehr Orientierung und Kraft geben kann.

 Tool »Visionsausgrabung«

Auch du hast tief in dir verborgen schon eine Vision, die dir jedoch bisher – wenn überhaupt – nur in Ansätzen bewusst ist. Nun geht es darum, wie ein Archäologe nach Fragmenten zu buddeln, sie zu reinigen und zu einem Gesamtbild zusammenzusetzen.

Was du dazu brauchst, ist etwas zum Schreiben und ein ruhiger Ort. Um deiner Vision die nötige Relevanz und Wertschätzung zu geben, empfehle ich dir, ein extra Notizbuch dafür anzulegen und nicht nur einen »Schmierzettel« zu benutzen oder ein paar Seiten in einem bereits für andere Dinge benutzten Block.

Phase 1: Artefaktsammlung

Artefakte sind von Menschen hergestellte Gegenstände. Finden Archäologen solche Dinge, können sie daraus Rückschlüsse auf die Kultur ziehen, der sie entstammen. Auch in deinem Leben wimmelt es nur so von Artefakten, die etwas über deine persönliche Kultur verraten und damit auch über deine Vision, die du (unbewusst) verwirklichen möchtest.

Deshalb beginnst du die Suche nach deiner Vision am besten, indem du zunächst deine Artefakte sammelst. Notiere dir dazu deine Antworten auf die folgenden Fragen in deinem Notizbuch:

○ Was tust du gerne? *(privat und beruflich)*
○ Wo bist du gerne?
○ Was ist dir wichtig?
○ Mit wem umgibst du dich gerne?
○ Was für Kleidung trägst du gerne?
○ Was sind deine Werte? *(Hier kannst du deine Erkenntnisse aus dem Tool »Werte-Analyse« nutzen.)*
○ Was ist besonders an dir?
○ Was sind deine Talente?
○ Worauf bist du stolz?
○ Was ist dein größter Wunsch?
○ Was ist deine (geheime) Leidenschaft?
○ Was würdest du tun, wenn du nicht scheitern könntest?
○ Wenn du magische Kräfte hättest, was würdest du damit bewirken?
○ Was möchtest du deinen Kindern für ein Weltbild mitgeben? *(Wenn du keine Kinder hast, stell dir vor, du hättest welche.)*
○ Was möchtest du gerne hinterlassen, wenn dein Leben zu Ende ist? *(Das kann etwas Materielles sein wie ein Ge-*

bäude, ein Buch oder eine Erfindung, aber auch etwas Immaterielles wie eine Kultur, eine Geisteshaltung, ein Vorbild oder Ähnliches.)

Lass dir Zeit bei der Beantwortung. Dadurch, dass du dich mit diesen Fragen befasst, aktivierst du automatisch so etwas wie einen »Suchmodus« in dir, und dir werden im Alltag immer mehr »Artefakte« auffallen. Deshalb ist es sinnvoll, dass du in den nächsten Tagen hin und wieder in dein Notizbuch schaust und die Antworten um neue Erkenntnisse ergänzt oder sie verfeinerst.

Phase 2: Zeitreise

Nachdem du deine Sammlung abgeschlossen hast, ist es an der Zeit, aus deinen Artefakten ein größeres Bild entstehen zu lassen: deine Vision. Such dir dazu einen ruhigen Ort, an dem du für eine halbe bis ganze Stunde ungestört bist.

1. Finde eine angenehme Position, in der du eine Weile bequem sitzen oder liegen kannst.
2. Lies dir noch einmal deine Liste mit den Artefakten durch.
3. Schließe deine Augen und atme ein paarmal bewusst ganz entspannt tief ein und aus.
4. Stell dir vor, dass deine Notizen zu deinen Artefakten sich in Bilder verwandeln. Wie eine große Collage aus schönen Momenten. Du siehst die Menschen, die du gerne magst, siehst dich in Situationen, in denen du dich gut fühlst, usw.
5. Lass jetzt in deiner Fantasie die Zeit immer schneller laufen. Die Menschen und Dinge, die du vor deinem geistigen Auge siehst, bewegen sich immer schneller und schneller, bis sie zu farbigen Streifen und Strahlen verschwimmen und eine angenehme Farbwelt entsteht.
6. Sobald es sich für dich richtig anfühlt, lässt du die Zeit wie-

der langsamer laufen. Du bist in deiner guten Zukunft angekommen, die in 10 oder 20 Jahren auf dich wartet. Mit der Verlangsamung des Tempos werden auch aus den farbigen Schlieren, Streifen und Strahlen wieder erkennbare Formen. Das Bild deiner Zukunft wird immer deutlicher. Du musst dabei nichts erzwingen, sondern brauchst einfach nur zu beobachten, was für Bilder und Welten sich dir zeigen.

Falls dir das nicht sofort gelingt, sei bitte gnädig mit dir und lass dir Zeit. Sollte es beim ersten Versuch gar nicht klappen, dann starte deine mentale Zeitreise einfach noch mal an einem anderen Tag.

Aus meiner Erfahrung haben gerade diejenigen, die noch nicht so oft meditiert oder eine Mentalreise oder Ähnliches gemacht haben, am Anfang Schwierigkeiten, sich darauf einzulassen, da der Verstand sich ständig einschaltet und hinterfragt und bewertet. Die gute Nachricht: Wenn du dich darauf einlässt, wird es dir nach kurzer Zeit gelingen, die Bilder deiner idealen Zukunft entstehen zu lassen … egal, wie kritisch dein Verstand am Anfang war.

7. Nimm dir Zeit, dich in deiner idealen Zukunft in Ruhe umzuschauen:

- Wo lebst du?
- Wie siehst du aus? Was für eine Figur hast du, und welche Kleidung trägst du?
- Wie fühlst du dich?
- Mit welchen Menschen umgibst du dich?
- Wie sieht dein idealer Tag aus?
- Was machst du beruflich?
- Was hast du für Hobbys?
- Wie verbringst du ansonsten deine Zeit?
- Was gibt es außerdem zu entdecken?

Ein paar wichtige Tipps:

✓ Lass dir wirklich Zeit! Manchmal dauert es, bis das Bild seine volle Klarheit erreicht hat. Das ist vollkommen okay.

✓ Erlaube dir, dass sich alles zeigen darf. Es soll dein persönliches Bild der idealen Zukunft sein, dir Spaß machen und dich inspirieren. Beschränke dich nicht mit Gedanken wie »Aber das steht mir doch gar nicht zu« oder »Das ist ja total unrealistisch!«.

✓ Wenn du etwas entdeckst, das dir nicht gefällt oder dir ein ungutes Gefühl macht, dann ändere diese Dinge so lange ab, bis sie dir zu hundert Prozent gefallen.

✓ Schau nicht nur auf die materiellen Aspekte wie das Haus, in dem du lebst, oder das Auto, das du fährst, sondern auch auf die ideellen Dinge.

Wiederhole diese Zeitreise ein paarmal in den folgenden Tagen. Du brauchst dann nicht mit deinen Artefakten als Einstieg zu beginnen. Lege oder setze dich einfach entspannt hin, schließe die Augen und tauche in dein Visionsbild vom letzten Mal ein.

Sei neugierig, was du jetzt an neuen Details entdecken kannst oder was sich vielleicht weiter zum Besseren verändert hat. Halte es dabei mit Michelangelo: »Die größte Gefahr für die meisten von uns ist nicht, dass wir zu große Visionen haben und sie nicht erreichen, sondern dass wir zu kleine haben und sie zu schnell verwirklichen.« Also träume groß!

Sobald du diese Vision deiner Zukunft vor Augen hast, kannst du dich bei jeder Aufgabe und jedem deiner kleineren Ziele fragen: Wird dies dabei helfen, meine Vision zu verwirklichen? Wenn dem so ist, dann wirst du die Aufgabe mit Spaß und Energie angehen. Wenn nicht, solltest du dir überlegen, wie du die Aufgabe so anpassen kannst, dass sie dich ein kleines Stückchen näher an die Realisierung deiner Vision bringt.

Gerade in unserem hektischen Alltag solltest du dir regelmäßig die Zeit nehmen, diesen Abgleich mit deinen Werten und deiner Vision herzustellen. Es kostet nur wenige Minuten und hat einen entscheidenden Einfluss auf deine Energie und dein Vorankommen.

Burn-out als Warnmeldung

Wenn du deine Werte und deine (unbewusste) Vision als unwichtig abtust und einfach weiterackerst, nach dem Motto »Es ist halt so! Das Leben ist kein Ponyhof!«, dann betreibst du Raubbau an deiner Energie. Wenn du nach deinen Werten handelst, schenkt dir das Kraft. Agierst du zu oft entgegen deinen Werten, dann vergeudest du Energie. Im extremen Fall treibst du dich damit in einen Burn-out.

Ich habe immer wieder Klienten bei mir im Coaching sitzen, die sehr leistungsgetrieben sind und ihre Erschöpfung oder ihren Burn-out als »lästig« empfinden und das Anliegen haben, ich solle es »wegmachen«, damit sie wieder mehr Gas geben können. Hier ist mein Ansatz, es bewusst langsam angehen zu lassen und die Erschöpfung als wertvolles Warnsignal zu sehen und nicht als störende Bremse.

Wenn wir im Verlauf des Coachings gemeinsam die Werte des Klienten analysieren, stellt sich eigentlich immer heraus, dass diese in letzter Zeit nur unzureichend erfüllt waren. Wir entwickeln dann eine Strategie, wie die Werte wieder mehr Platz im Leben meines Klienten bekommen. Diese Veränderung trägt einen großen Teil dazu bei, dass er sich erholen und nachhaltig zu neuen Kräften kommen kann.

Die Entscheidung liegt nun bei dir, ob du schon jetzt stärker auf deine Werte achten möchtest oder ob du erst einen Burn-out oder eine totale Erschöpfung riskieren willst, um mehr auf dich und deine Bedürfnisse zu achten. Du kannst dir denken, was meine Empfehlung ist ...

Wenn du dir über deine Werte und deine Vision im Klaren bist, kommt es jetzt auf den richtigen Weg an, der dich an dein Ziel führt. Schritt eins: Lies das nächste Kapitel.

Klarheit über den Weg

Nachdem du nun genauer weißt, wo du langfristig hin-möchtest, ist es sinnvoll, zu beleuchten, ob deine täglichen To-dos und Projekte der richtige Weg dorthin sind. Das heißt: Sieh sie nicht mehr als einzelne Aufgaben, sondern setze sie in den Kontext zum großen Ganzen. Je mehr deine To-dos deiner Vision dienen, desto leichter werden sie dir von der Hand gehen.

Ob du bereits auf einem guten Weg bist, kannst dabei nur du selbst dir beantworten. In meinen Augen gibt es auch nicht »den« richtigen Weg, sondern es ist immer ein individuelles Ermessen.

Das ist vielleicht nicht das, was du gerne lesen möchtest. Es wäre doch so viel leichter, wenn uns jemand eine kon-krete Schritt-für-Schritt-Anleitung geben könnte, mit der wir alles schaffen und unsere Ziele erreichen. Auch wenn es da draußen Menschen gibt, die dieses »Heilsverspre-chen« mit ihren Online-Kursen, Seminaren und Büchern geben, bin ich der Überzeugung, dass das Leben so nicht funktioniert. Jeder von uns hat andere Ziele, Werte, Erfahrungen, Lebensumstände, finanzielle Möglichkeiten usw. Dazu kommen noch große Unterschiede in der psychischen und körperlichen Veranlagung. Zusätzlich bringen auch die Zeiten, in denen wir leben, immer wieder neue Veränderungen mit sich. All diese Variablen führen in meinen Augen dazu, dass dir niemand einen Schritt-für-Schritt-Plan hin zu deinen Zielen geben kann.

Du bist der beste Experte für dein Leben

Was ich dir aber zeigen kann, sind Wege, wie du dich und dein Verhalten aus neuen Perspektiven analysieren und so hilfreiche Erkenntnisse für dich gewinnen kannst. Wir werfen sozusagen unsere Kompetenzen in einen Topf: Du bist der beste Experte beziehungsweise die beste Expertin für dein Leben, und ich kenne mich damit aus, wie man neue, bessere Wege zur Erreichung seiner Ziele findet. Was genau du entdecken wirst, kann ich dir nicht sagen. Es wird dich aber in jedem Fall weiterbringen.

Als Erstes möchte ich dich bitten, deine Aufgaben und die Dinge, die du tust, daraufhin zu untersuchen, ob es Gewohnheiten sind. Gewohnheiten sind Segen und Fluch zugleich. Auf der einen Seite sparen wir durch sie Energie, da uns Gewohntes durch die Erfahrung leicht von der Hand geht und abläuft, ohne dass wir groß darüber nachdenken müssen. Auf der anderen Seite verschwenden wir mit Gewohnheiten unsere Ressourcen eben genau aus dem Grund, dass wir sie nicht mit vollem Bewusstsein ausführen. Wir machen Dinge »so wie immer« und übersehen dabei, dass sie entweder gar nicht mehr zielführend sind oder es bessere Wege gibt.

Allein durch die »Digitalisierung« bekommen wir fast täglich innovative Tools an die Hand, die uns das Leben leichter machen können. Deshalb lohnt es sich, ab und an zu überprüfen, ob du noch den für dich sinnvollsten Weg gehst oder durch deinen »Gewohnheitsschlaf« wertvolle Möglichkeiten und Chancen übersehen hast.

 Tool »Gewohnheits-Check«

Gehe hin und wieder deine Aufgaben und Tätigkeiten mit der folgenden Checkliste durch. Mach es in kleinen »Häppchen«, damit es für dich nicht in zusätzlichen Stress ausartet.

Um diese Aufgabe geht es: _____

1. Wie lange mache ich diese Aufgabe schon?
Je länger du eine Aufgabe schon machst, desto wahrscheinlicher ist sie eine Gewohnheit.

2. Warum habe ich damals diesen Weg gewählt?
Oftmals sind wir uns bei Gewohnheiten nicht mehr der Umstände bewusst, aus denen sie entstanden sind. Dieses Bewusstsein hilft bei der weiteren Analyse.

3. Sind diese Gründe noch aktuell?
Manchmal ändern sich Dinge, und wir halten trotzdem noch an Gewohnheiten fest. Sollten die Gründe nicht mehr aktuell sein, denk darüber nach, die Aufgabe zu streichen oder zu ändern.

4. Welche alternativen Wege gibt es?
Auch wenn du spontan »Es gibt keine!« denkst, gib dir die Zeit, dir Gedanken zu machen, welche anderen Tätigkeiten,

Aufgaben und Denkweisen die jetzigen ersetzen könnten. Je mehr Ideen du findest, desto besser. Dadurch machst du dir bewusst, dass du einen größeren Handlungsspielraum hast, als du bisher dachtest.

5. Sind eine oder mehrere der Alternativen sinnvoller, da sie Zeit und Energie sparen?
Erlaube dir hier, frei darüber nachzudenken. Du bist nicht verpflichtet, davon etwas umzusetzen.

6. Möchtest du an deiner Gewohnheit festhalten oder zu einer Alternative wechseln?
Manchmal fehlt uns der Mut, etwas Neues zu probieren. Wenn jetzt für dich noch nicht der richtige Zeitpunkt für einen Wechsel ist, dann bleib bei deinem alten Verhalten. Zumindest hast du jetzt einen neuen Plan in der Hinterhand.

Zur Verdeutlichung gehe ich diese Fragen anhand eines Beispiels durch:
Um diese Aufgabe geht es: *Ich fahre die Kinder zweimal die Woche zum Sport.*

1. Wie lange mache ich diese Aufgabe schon?
Seit vier Jahren.

2. Warum habe ich damals diesen Weg gewählt?
Ich möchte, dass sich die Kids bewegen und körperlich fit sind. Außerdem sollen sie sicher beim Sport ankommen.

3. Sind diese Gründe noch aktuell?
Ja.

4. Welche alternativen Wege gibt es?

a) *Sie könnten zu einer anderen Sportart wechseln, zu deren Training ich sie nicht fahren muss.*

b) *Sie könnten mit dem Sport aufhören.*

c) *Jemand anders könnte sie fahren.*

d) *Sie könnten selber mit öffentlichen Verkehrsmitteln oder dem Fahrrad fahren. Damit sie sicher ankommen, sollen sie immer in einer Gruppe mit anderen Kindern unterwegs sein, oder ich könnte sie über das Handy tracken.*

5. Sind eine oder mehrere der Alternativen sinnvoller, da sie Zeit und Energie sparen?

a) *Der Wechsel zu einer neuen Sportart könnte erst mal Energie kosten, bis sich alles eingespielt hat. Nachher spart es aber definitiv Zeit und Energie, weil die Anfahrt wegfällt.*

b) *Ich möchte nicht, dass die Kinder mit Sport aufhören.*

c) *Ich nehme auch immer einen Freund meiner Kinder mit. Mit dessen Mutter könnte ich mich mit dem Fahren abwechseln. Es wird am Anfang vielleicht ein paar Diskussionen geben, die Zeit und Kraft kosten, unter dem Strich wird es sich aber auszahlen.*

d) *Meine Kinder sind noch zu klein, als dass ich ihnen zutraue, alleine zum Sport zu fahren. Ich denke, in ein bis zwei Jahren wäre das aber eine gute Alternative.*

6. Möchtest du an deiner Gewohnheit festhalten oder zu einer Alternative wechseln?

Ich werde mit der Mutter des Freundes sprechen, wie wir uns die Fahrerei teilen können, und behalte die Möglichkeit im Auge, dass die Kinder alleine mit dem Bus fahren, wenn sie etwas älter sind.

Nach diesem Check-up solltest du einige hinderliche Gewohnheiten aussortiert oder verändert haben, sodass der Weg jetzt frei ist.

Nun kann es aber sein, dass du dir zwar über deine Vision und die Zwischenziele klar bist, bei dem einen oder anderen aber gar nicht weißt, wie du anfangen sollst, um es zu erreichen. Wenn ich dir dazu nur einen einzigen Tipp geben dürfte, dann wäre es ein altes chinesisches Sprichwort:

Auch der weiteste Weg beginnt mit einem ersten Schritt.
Konfuzius

Der erste kleine Schritt ist der Anfang von Großem

Auf den ersten Blick klingt das zu simpel, und doch steckt für mich jede Menge in diesen weisen Worten:

Fang einfach an! Du musst nicht den gesamten Plan bis zum Ziel fertig haben, bevor du loslegen kannst. Wenn du zu lange überlegst, besteht die Gefahr, dass du gar nicht erst losgehst und deine Ziele aufgibst.

Schau nicht auf den vielleicht langen oder anstrengenden Weg, sondern schau nur auf den jeweils nächsten Schritt. Das macht es dir leichter.

Deshalb: Wenn du dir klar über dein Ziel bist, dann überleg dir, was der erste kleine Schritt sein könnte, den du genau jetzt gehen kannst. Vielleicht ist der erste Schritt eine Onlinerecherche, ein Gespräch mit einem Freund oder einer Freundin, ein erstes Ausprobieren des Neuen oder bildlich gesprochen der erste Nagel in der Wand.

Ich hatte zum Beispiel vor zwei Jahren das Ziel, meinen

Podcast nicht mehr in einem Tonstudio aufzunehmen, sondern bei mir zu Hause, weil ich dadurch flexibler wäre und es mir Zeit und Geld sparen würde.

Mein Zielbild war es, dass mein Büro zu Hause so umgebaut ist, dass …

- … die zu meinen Zwecken und zu meiner Stimme passende Aufnahme- und Schnitttechnik vorhanden ist.
- … der Raum nicht mehr so hallig ist, um einen guten Ton aufnehmen zu können.
- … ich mehr Stauraum als vorher für Bücher und Arbeitsmaterialien habe.
- … das ganze modern und ästhetisch aussieht.

Eine Zeit lang habe ich zwei Stimmen in mir gehört. Die eine hat gesagt: »Das wird super! Du kannst jederzeit deinen Podcast aufnehmen und hast gleichzeitig ein schönes, neues und praktisches Arbeitszimmer.«

Die andere Stimme hat erwidert: »Du spinnst ja wohl! Neben Coachings, Seminaren, Vorträgen und deiner Tourshow willst du jetzt noch den Umbau machen. Wo willst du überhaupt anfangen, bei all dem, was zu tun ist!?«

Einige Wochen hat die zweite Stimme die Oberhand gehabt. Dann habe ich mich das gefragt, was ich gerne meine Klienten frage:

▶ *»Was könnte der erste kleine Schritt sein, den du sofort gehen kannst?«*

Ich habe nicht lange überlegt, sondern habe das Erste genommen, was mir in den Sinn kam: Ich wollte auch ein neues Sofa in meinem Homeoffice haben. Zum einen, weil ich mich gerne zum Nachdenken auch mal hinlege, und zum anderen schlucken die Polster Schall und tragen dadurch zu einer besseren Raumakustik bei. Ich habe mich sofort an den Computer gesetzt und nach Sofas gesucht. Eines in Senfgelb stach mir sofort ins Auge. Auf den Fotos stand es vor einer blauen Wand. Die Farbkombi gefiel mir, und damit hatte ich auch schon den Farbton für die Wände meines neuen Arbeitszimmers gefunden. Daraus ergab sich für mich, dass die neuen Regale und der neue Schreibtisch weiß sein sollten, damit der Raum nicht zu bunt wird, und so ging es weiter. Allein durch die Suche nach dem Sofa haben sich in kürzester Zeit viele andere Aspekte geklärt. Von diesem Moment an ging es mit der Detailplanung und dem Umbau zügig voran.

Ich denke, du wirst ähnliche Erlebnisse gehabt haben, bei denen du zunächst einen riesigen Berg vor dir gesehen hast, doch als du einfach angefangen hast, lief es. Deshalb mach noch heute den ersten Schritt, die nächsten ergeben sich dann ganz automatisch daraus.

Falls es dich interessiert, wie mein fertiges Homestudio mit dem gelben Sofa und den blauen Wänden aussieht, dann findest du hier Fotos davon:

https://www.mathias-fischedick.de/presse

Um dir darüber klar zu werden, wie du deine Ziele am besten erreichst, ist es manchmal sinnvoll, einen Kopfstand zu machen ... also, metaphorisch gemeint. Dazu eignet sich das folgende Tool:

Tool »Der Rückwärtsplan«

Ja, du hast richtig gelesen: Wenn du nicht weißt, wie dein Weg nach vorne aussehen könnte, dann gehe die Planung rückwärts an. Stell dir vor, du stehst vor einem hohen Berg und möchtest unbedingt auf den Gipfel. Du bist dir sicher, dass es verschiedene Wege dorthin gibt, aber du kannst sie aus dem Tal nicht erkennen. Jetzt stell dir vor, dass du dich zum Gipfel beamen könntest. Von dort oben schaust du jetzt ins Tal und kannst aus dieser neuen Perspektive neue Zusammenhänge und damit den Weg erkennen, der nach oben führt.

Diesen Trick kennst du vielleicht von der Rätselseite, wenn du den Weg durch ein Labyrinth finden willst: Du fängst einfach beim Ziel an und suchst rückwärts den Weg zum Start. Das macht die Lösung meist einfacher.

Um deinen Weg im Leben auf diese Art zu finden, stell dir vor, du bist an deinem Ziel und hast eine Aufgabe gemeistert. Durch die Tools und dein Wissen aus dem Kapitel »Wann ergibt eine Aufgabe für dich Sinn?« sollte es dir leichtfallen, dir dein Ziel bildhaft vorzustellen.

Jetzt mach dir den Weg dorthin rückwärts bewusst:

- ✓ Was wäre der letzte Schritt zu meinem Ziel?
- ✓ Wie wären die Schritte davor?
- ✓ Was wären entscheidende Meilensteine auf meinem Weg?
- ✓ Was wäre das Wichtigste, das ich auf meinem Weg gelernt habe?
- ✓ Was wäre meine relevanteste Entscheidung auf dem Weg?
- ✓ Von wem hätte ich die beste Unterstützung bekommen?

Es kann sein, dass dein Verstand jetzt sagt: »Das wird nicht funktionieren! Wie soll ich den Weg rückwärts ›kennen‹, wenn ich ihn noch nie gegangen bin!« Ich empfehle dir, dich trotzdem auf diese neue Perspektive einzulassen. Du wirst überrascht sein, was du entdeckst.

Zu Beginn dieses Kapitels habe ich geschrieben, dass du der Experte für dein Leben bist und deshalb am besten weißt, was der richtige Weg für dich ist. Keiner kennt dein Leben so gut wie du, denn nur du hast jede Sekunde davon miterlebt, alles mitgefühlt und kennst jeden Gedanken hinter all dem, was du bisher getan hast. Darin steckt auch, dass du die Hauptverantwortung für dein Leben hast. Das bietet auf der einen Seite viele Möglichkeiten und Chancen. Auf der anderen Seite kann es auch belastend sein, diese Verantwortung zu tragen. Es wäre manchmal wirklich viel leichter, wenn jemand anders das für uns übernehmen könnte.

Durch einen Trick kannst du die Verantwortung für die Entscheidungen über deinen Weg abgeben und trotzdem übernehmen. Das klingt verrückt ... und ist es auch, weil du deine Sichtweise verrückst. Wie das genau geht, erfährst du jetzt:

Tool »Der geheime Berater«

Ich denke, jeder von uns hat Vorbilder oder Menschen, bei denen er denkt: »Der weiß, wie es geht!« Manchmal wünschen wir uns, dass genau diese Person an unserer Seite wäre und uns beraten würde. Und ob du es glaubst oder nicht, das geht!

Stell dir ab sofort in Entscheidungssituationen vor, dass genau dieser Mensch bei dir ist, und frag dich:

▶ *»Was würde er oder sie mir jetzt raten?«*

Für eine meiner Klientinnen ist diese weise Person ihre Großmutter, die leider nicht mehr lebt. Durch den Kniff, herausfordernde Situationen durch die Augen ihrer Großmutter zu sehen, fällt es ihr leichter, den richtigen Weg zu finden.

Bei anderen Klienten sind die persönlichen »geheimen Berater« u. a. Elon Musk, die ehemalige Deutschlehrerin oder Darth Vader. Du merkst, es spielt keine Rolle, ob du dich in deinen Gedanken von einer Person beraten lässt, die noch lebt oder verstorben ist, die du persönlich kennst oder nur aus den Medien. Es ist auch egal, ob es die Person wirklich gibt oder nur in der Fiktion.

Es mag sich am Anfang merkwürdig anfühlen, in Gedanken oder laut mit so einem »unsichtbaren Freund« zu sprechen. Es sind in jedem Fall sehr erkenntnisreiche »Gespräche«. Damit du dabei nicht an deinem eigenen Verstand zweifelst oder sogar an meinem, kommt hier die psychologische Erklärung der Hintergründe:

Warum funktioniert dieser Trick?

Wir beschränken uns oft selbst, indem wir denken, dass wir zu wenig wissen, zu unerfahren sind oder nicht mutig genug. Durch dieses Selbstbild hindern wir uns daran, unser volles Potenzial zu nutzen. Stellen wir uns jedoch vor, dass uns jemand berät, der klüger, erfahrener und mutiger ist als wir, tricksen wir uns selbst aus. Durch diesen Perspektivwechsel bekommen wir plötzlich einen Zugriff auf Fähigkeiten, dir wir bisher unbewusst vor uns selbst verleugnet haben.

Ich bin davon überzeugt, dass so auch der Glaube an Gott funktioniert. Wir bitten ihn, uns ein Zeichen zu schicken, und oft entdecken wir dann plötzlich neue Möglichkeiten, wo wir vorher keinen Ausweg gesehen haben. In Wahrheit war es nicht eine übernatürliche Macht, die uns ein Signal gesendet hat, sondern wir selbst haben einen anderen Blick auf die Dinge bekommen, weil wir uns anders mit ihnen auseinandergesetzt haben. Irgendwo habe ich mal gelesen, dass die Bibel eine spannende neue Bedeutung bekommt, wenn du das Wort »Gott« durch »Ich« ersetzt. Aus »Gott ist mein Hirte« wird dann »Ich bin mein Hirte«, aus »Ich bin dein Gott« wird »Ich bin mein Gott« usw.

Wenn wir nicht mehr an uns selbst glauben, ist eine Religion eine gute Stütze, um indirekt doch wieder zuversichtlicher zu werden.

Möglicherweise regt sich bei diesen Zeilen ein Widerstand in dir, weil du einen anderen Glauben, ein anderes Bild von Religion und Gott hast als ich. Das ist für mich vollkommen in Ordnung. Schreib mir gerne deine Haltung dazu.

Wenn du nun deinen Weg gefunden hast oder zumindest eine grobe Idee davon hast, wie du deine Ziele erreichen kannst, ist es sinnvoll, dir eine »Roadmap« zu machen, einen groben Zeitplan für deine nächsten Schritte. Er hilft dir, dranzubleiben und den Überblick zu behalten.

Nun gibt es unzählige Zeitplanungsbücher, Apps und Tools. Welches System für dich am besten passt, ist Typsache. Wenn du es sehr strukturiert magst, dann sind für dich vielleicht die Systeme gut, bei denen du dir einen Plan über deine Ziele für das Jahr schreibst, ihn in Quartalsziele runterbrichst, daraus Monatsziele ableitest und schließlich Wochen- und Tagesaufgaben definierst.

Bist du dagegen extrem freiheitsliebend, so schreibst du dir vielleicht nur Post-its mit deinen Zwischenzielen und klebst sie an deinen Monitor, Kühlschrank oder an andere für dich sinnvolle Stellen.

Balance aus Struktur und Freiheit

Egal, wie du es machst, du solltest dabei schauen, was für dich die ideale Mischung aus Struktur und Freiheit ist.

Struktur ist gut, weil sie dir Orientierung gibt. Zu viel Struktur dagegen engt dich ein und verhindert, dass deine Energie fließen kann und neue Impulse wirken können.

Freiheit schafft Raum, in dem neue Ideen und Ansätze dich schneller nach vorne bringen können, du kannst mehr »mit dem Flow gehen«. Zu viel Freiheit sorgt allerdings dafür, dass du nicht zielgerichtet agierst.

Was genau die richtige Dosierung von beidem für dich ist, kannst nur du selber herausfinden – es gibt da jede Menge Ansätze.

Mein Tipp: Recherchiere verschiedene Zeitplanungssysteme und frage Kollegen und Freunde, wie sie ihre Aufgaben organisieren. Klassische Zeitmanagementmethoden sind zum Beispiel »Die ALPEN-Methode« von Lothar Seiwert, »Getting Things Done« von David Allen oder »Die One-Minute-To-Do-List« von Michael Linenberger. Wenn dich ein System anspricht, dann probiere es aus. So findest du mit der Zeit das für dich passende.

Vielleicht bist du jetzt enttäuscht, weil ich dir hier nicht das »perfekte« Zeitplanungssystem liefere. Aus meiner Sicht gibt es nicht das universelle System, das für jeden passt. Genau deshalb solltest du dir bei all den Optionen der Zeitplanung folgende Fragen stellen, um das richtige für dich zu finden:

1. Fällt es mir leicht, das System auch über Monate zu benutzen?

Nur weil die eine oder andere Methode gerade total an-gesagt ist, heißt es nicht, dass sie für dich das Richtige ist. Wenn es für dich anstrengend ist, die Methode umzuset-zen, dann wirst du zum einen nicht lange dranbleiben, und zum anderen verbrennst du viel Energie, die dir dann bei der Umsetzung fehlt.

2. Erreiche ich meine Ziele mit diesem System?
Genauso wie in der Medizin gilt hier »Wer heilt, hat recht!«. Nur weil niemand anders seine Zeitplanung macht wie du, heißt es nicht, dass dein Weg falsch ist. Wenn du mit dei-nem System deine Ziele erreichst, dann bleib dabei.

So plane ich meinen Weg

Falls es dich interessiert, das hier ist mein persönliches Sys-tem, wie ich meine Projekte plane:

1. Final-Termin in den Kalender

Wenn ich etwas termingerecht fertig haben muss, also zum Beispiel ein Seminar gebe, einen Vortrag halte oder Ähnli-ches, dann trage ich als Erstes den Termin in meinen digita-len Kalender ein, an dem alles fertig sein muss.

2. Vorbereitungszeit einplanen

Als Nächstes schätze ich ab, wie viel Vorbereitungszeit ich brauche, und teile sie in mehrere Zeitblöcke ein, die ich auf die Wochen direkt vor dem Termin verteile und ebenfalls in meinen Kalender eintrage. Je nachdem, wie umfangreich das Projekt ist, kann es sich um Wochen oder sogar Monate handeln, auf die ich die einzelnen Vorbereitungsblöcke auf-teile.

Ich habe hier noch gar nicht konkret im Kopf, wozu genau ich diese einzelnen Zeitblöcke nutze. Dadurch entsteht für mich die richtige Mischung aus Struktur und Freiheit: Es ist definiert, wann ich an dem Projekt arbeite; was genau ich in den Vorbereitungsblöcken tue, entscheide ich dagegen erst kurzfristig.

3. Ideen und Aufgaben sammeln

Nach dieser Planung lege ich mir direkt eine Notiz zu dem Projekt an. Ich nutze dazu Evernote. Falls du dieses Programm noch nicht kennst: Es ist eine Software, mit der du digitale Notizen und Notizbücher verwalten kannst.

Ich liebe daran, dass es Evernote für den Computer, aber auch als App für das Smartphone und das Tablet gibt. Dadurch hast du immer und überall Zugriff auf deine Notizen. Außerdem ist die Suchfunktion genial. Wenn du dich nicht mehr erinnerst, wann du eine Notiz geschrieben hast oder wo du deine Gedanken zu bestimmten Themen abgelegt hast, kannst du es blitzschnell finden, indem du ein paar Begriffe aus dem Projekt eingibst, nach dem du suchst.

Zurück zu meinem System: Nach der Terminplanung notiere ich mir in der Evernote-Notiz sofort, welche Aspekte ich bei der Umsetzung berücksichtigen will oder muss. Das können Vorgaben vom Kunden sein oder erste Ansätze von mir. Von nun an ergänze ich diese Notizen immer, sobald mir spontan eine Idee dazu kommt. Ich filtere und sortiere zu diesem Zeitpunkt noch nicht, sondern schreibe einfach alles in dem Moment runter, in dem es mir einfällt. Dadurch, dass die App auf allen Devices synchronisiert wird, spielt es keine Rolle, wann mir eine Idee kommt und wo ich mich gerade befinde. Computer, iPad oder iPhone ... irgendeines der Geräte habe ich immer zur Hand.

4. Milestones abarbeiten

Wenn der Moment gekommen ist, für den ich mir einen Vorbereitungsblock eingetragen hatte, schaue ich in die entsprechenden Notizen für das Projekt. Ich sortiere die Ideen, Aufgaben und Ansätze, die sich dort angesammelt haben, und entscheide mich erst in diesem Moment, für was davon ich die eingeplante Zeit nutzen will. Auch hieran merkst du, wie wichtig mir Freiheit ist und die Möglichkeit, mit dem Flow zu gehen. Mein Entscheidungskriterium ist immer:

a) Welche Teilaufgaben sind die Grundlage für das Folgende?
b) Worauf davon habe ich gerade am meisten Lust?

Durch das »Lustprinzip« sorge ich dafür, dass ich möglichst viel Energie habe, die ich investieren kann.

5. To-dos terminieren

Manchmal stellt sich bei der Arbeit an einem Projekt heraus, dass es To-dos gibt, die ich nicht an den geplanten Vorbereitungsterminen erledigen kann, sondern die zu anderen Zeitpunkten vonstattengehen müssen. Beispielsweise weil ich Material besorgen muss, mit dem ich dann später arbeiten möchte. Für diese Fälle lege ich mir eine projektbezogene To-do-Liste an. Ich verwende dazu die App »Things«. Sie ist simpel und lässt sich genauso wie meine Notiz-App parallel auf Computer, Handy und Tablet verwenden. Ein weiterer Vorteil ist, dass ich hier einen Alarm für jede einzelne Aufgabe setzen kann. Wenn ich also an einem bestimmten Tag Dinge besorgen will, an dem ich sowieso in die Stadt gehe, dann setze ich den Alarm für dieses To-do zum Beispiel für diesen Tag. Zu der programmierten Zeit bekomme ich dann eine Meldung, und die Aufgabe bleibt so lange als Erinnerung auf der Liste, bis ich sie erledigt und abgehakt habe.

Du könntest jetzt denken: »Warum trägt er sich denn diese kleinen Aufgaben nicht auch in den Kalender ein?« Ganz einfach: Damit meine Tage nicht überladen sind mit ganz vielen Mini-Terminen. Dadurch ist mein Kalender sehr übersichtlich, weil nur Kundentermine und geblockte Zeiten für meine Vorbereitungen zu bestimmten Projekten darin stehen.

Dieses System ist über die Jahre gewachsen und spiegelt meine persönliche Art zu denken wider. Wenn es dir gefällt, dann konntest du vielleicht einige Inspirationen daraus mitnehmen. Wenn du es nicht magst, dann hat es dir zumindest Klarheit darüber gebracht, was für deine Selbstorganisation nicht funktioniert.

Bei aller Klarheit über deine Ziele, Werte und deinen Weg kann es passieren, dass dir zwischendurch trotzdem der Drive fehlt. In diesen Fällen kann der Power-Booster #2 hilfreich für dich sein: die Neugier. Wenn du neugierig bist, wie das im Detail funktioniert, dann lies einfach weiter.

Power-Booster #2:
Curiosity - Neugier

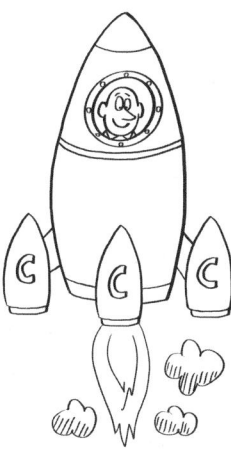

Neugier: Gehört sich das überhaupt?

Woran denkst du zuerst, wenn du das Wort »Neugier«
hörst?

An deine Nachbarn, die immer am Fenster hängen, um
ja nichts zu verpassen? Oder an diese eine Kollegin, die
gerne mal ganz »unauffällig« auf deinen Bildschirm schielt,
um herauszufinden, woran du gerade arbeitest?

Für viele hat Neugier einen negativen Beigeschmack. Man soll schließlich seine Nase nicht in die Angelegenheiten anderer Leute stecken! Diese Form der Neugier nennt man »diversive Neugier«, sie entsteht aus »Reizhunger«. Wenn das eigene Leben zu langweilig ist, dann holt man sich eben neue Spannung, indem man Indizien über das Verhalten der Nachbarn, Kollegen oder anderer Zeitgenossen sammelt und sich daraus wie ein Detektiv seinen eigenen Kriminalfall zusammenbastelt.

Diese Form der Neugier sorgt vielleicht für ein wenig zusätzlichen Nervenkitzel in deinem Leben, ist aber nicht das, worum es hier gehen soll.

Ich möchte dir die »epistemische Neugier« als Energie-Booster ans Herz legen. Unter dieser Form der Neugier versteht man das Bestreben, eine Ordnung in seine Umwelt zu bringen. Wir können die Ungewissheit über den Sinn oder die Bedeutung eines Umweltreizes in der Regel nur schwer ertragen, und das treibt uns an, Gewissheit über die Situation zu erhalten. Diese Energie bringt uns nach vorne, wir entdecken Neues, lernen und wachsen. Die Entwicklungspsychologie bezeichnet die epistemische Neugier als menschlichen Erfolgsfaktor Nummer 1. Sie ist der Schlüssel zur Kreativität.

Vor rund einer Million Jahren sind plötzlich eine ganze Reihe von Innovationen entstanden: Wir Menschen haben unter anderem angefangen, das Feuer zu beherrschen, haben Faustkeile als Multifunktionswerkzeuge entwickelt, mit denen man schneiden, schaben und bohren konnte, und irgendjemand kam auf die Idee für die erste Distanzwaffe: den Speer! All das konnte nur aufgrund von Neugier entstehen.

Auch heute noch gibt es genügend Beispiele dafür, warum Neugier ein Erfolgskonzept ist. Nimm zum Beispiel Elon Musk, den Gründer von PayPal, Tesla und SpaceX, er ist einer der neugierigsten und innovativsten Menschen der Neuzeit. Und Michael Dell, Chef des PC-Herstellers Dell, sagt über sich selbst: »Ich bin leidenschaftlich neugierig. Da ist so eine Art tief sitzende Überzeugung, dass da mehr Information ist, und dieser unglaubliche, unersättliche Wunsch, mehr zu wissen und zu lernen, zu graben und zu verstehen, was hinter den Dingen ist – warum Dinge passieren und was der wirkliche Sinn dahinter ist.«

Dell sagt ganz treffend »dieser unersättliche Wunsch, mehr zu wissen und zu lernen«, denn jede neue Erfahrung macht uns süchtig nach mehr. Jedes Mal, wenn du etwas entdeckt hast, eine neue Idee hattest, einen Geistesblitz, dann schüttet dein Gehirn Dopamin aus. Dieses »Glückshormon« ist die körpereigene Belohnung für neue Erfahrungen, und es sorgt dafür, dass wir mehr davon wollen und weiter neugierig durch die Welt gehen. Außerdem ist Dopamin wie ein Dünger für das Gehirn, durch den neue Nervenverbindungen schneller wachsen. Neugier macht dich also schlauer!

Neugier ist ein unermüdlicher Motor und Kraftspender für uns!

Das Spannende daran: Die enge Verknüpfung des Neugiersystems mit dem dopaminergen (das heißt auf Dopamin reagierenden) System lässt vermuten, dass sich der Belohnungseffekt bei der Neugierbefriedigung nicht abnutzt. Ähnlich wie bei der sozialen Anerkennung, von der wir nie genug haben können. Wir Menschen sind also von Natur aus neugierig und dafür gemacht, Spaß daran zu haben, zu wachsen und zu lernen.

Warum schreibe ich dann extra über Neugier als »Power-Booster« in diesem Buch, wenn wir doch sowieso alle diese Kraft in uns haben? Die Antwort: Wir werden zwar alle neugierig geboren, aber nach dem »Neugierhöhepunkt« im Alter von vier oder fünf Jahren, an dem wir unsere Eltern täglich mit Hunderten von »Warum?«-Fragen nerven, geht unser Neugierlevel meistens konstant nach unten. Dann kommen erste Selbstzweifel, wir werden unsicherer und bekommen immer mehr Angst, Fehler zu machen. Dadurch verlernen wir die kindliche Neugier und nehmen uns damit viel Kraft und Leichtigkeit.

Manche von uns entwickeln sogar eine richtige Neo-phobie, also die Angst vor Neuem. Sie entsteht, wenn wir schlechte Erfahrungen gemacht haben, vielleicht weil ein neuer Weg uns Geld, Zeit oder sogar Schmerzen gekostet hat. Oder weil unser Umfeld negativ reagiert hat, als wir etwas Neues ausprobieren wollten.

Selbst wenn wir nicht unter einer ausgewachsenen Neo-phobie leiden, nutzen wir unsere Neugier oft nicht mehr so intensiv wie als Kind, weil wir glauben, dass es nicht ange-messen wäre. Uns gehen dann vielleicht Gedanken durch den Kopf wie: »Neues auszuprobieren oder zu entwickeln kostet nur Zeit und ist ineffizient. Wir machen es besser so wie immer, da wissen wir wenigstens, was wir haben.« Oder wir hören solche Sätze von unseren Führungskräften, die uns ermahnen, doch bitte keine »Extratouren« zu machen.

Vielleicht kennst du die Redensart: »Neugier ist der Wunsch, hinterher schlauer zu sein als vorher. Sicherheit ist das Verlangen, vorher schlauer zu sein als hinterher.«

Leider entscheiden wir uns zu oft für die Sicherheit und begrenzen uns damit selbst. Zum einen, weil wir uns durch die unterdrückte Neugier nicht erlauben, neue Wege einzuschlagen, die vielleicht sogar leichter, schneller oder kürzer als die bisherigen sind. Zum anderen nehmen wir uns durch die fehlenden »Aha!«-Momente eine große Menge an Spaß und Leichtigkeit. Nicht nur, weil wir auf die Glückshormondosen verzichten, die bei der Befriedigung von Neugier ausgeschüttet werden, sondern auch weil wir das Leben zu ernst nehmen, wenn wir uns selbst in ein Korsett aus Standards zwängen.

Ich gebe zu, neue Wege zu gehen und Neues zu suchen führt nicht immer zum Erfolg. Nur gar nicht erst auf Erkundungstour zu gehen ist auch keine Lösung, um erfolgreicher zu sein und mehr zu erreichen. Der amerikanische Softwarehersteller Intuit hat diese Angst vor Fehlern als Neugierbremse und damit als Verhinderer von Innovationen erkannt. Daher verleiht das Unternehmen jedes Jahr nicht nur Preise für neue Ideen und Entwicklungen, sondern es hat auch einen »failure award« ins Leben gerufen. Ja, du hast richtig gelesen: Intuit zeichnet seine Mitarbeiter für Fehler aus und schmeißt dazu noch eine »failure party«. Dadurch soll den Mitarbeitern die Angst vor dem Scheitern genommen werden, sie sollen angeregt werden, neugieriger zu sein, und ihre Fehltritte werden wertgeschätzt. Dabei liegt der Fokus darauf, was jeder im Unternehmen aus den misslungenen Versuchen der Kollegen lernen kann. Selbst wenn Neugier mal nicht zu neuen Erkenntnissen führt, wie Dinge gehen können, hilft sie zumindest dabei, zu erkennen, wie etwas nicht geht. Das kann eine wichtige Grundlage für den nächsten Erfolg sein.

Niemand von uns ist »perfekt« und »allwissend«, des-

halb solltest du dich nicht durch zu großes Sicherheitsdenken begrenzen, sondern neugierig durch die Welt gehen.
Mach dir bewusst: Neugier ist eine der wichtigsten Kräfte,
um dich nach vorne zu bringen und erfolgreich zu sein.

Die Antwort auf die Frage in der Überschrift »Neugier:
Gehört sich das überhaupt?« ist also in meinen Augen ein
ganz klares »Ja!«.

Wie du bewusst deine Neugier für dich nutzen kannst,
das erfährst du auf den nächsten Seiten. Und ... bist du
schon neugierig?

Neugier eröffnet dir neue Wege

»Die Neugier steht immer an erster Stelle eines Problems,
das gelöst werden will«, sagte der italienische Universal-
gelehrte Galileo Galilei. In diesem Satz steckt für mich die
Essenz, warum Neugier so eine Kraft hat.

Wenn dein Leben nicht so läuft, wie du es dir vorstellst,
du nicht die Dinge erreichst, die du als Ziel hast, dann
kannst du den Kopf in den Sand stecken und die Situation
ertragen, oder du kannst die Ärmel hochkrempeln und
etwas ändern. Um trotz Angst, Unsicherheit und vielleicht
sogar vermeintlicher Ausweglosigkeit den zweiten Weg zu
wählen, brauchst du Neugier. Wenn du etwas wirklich herausfinden möchtest, dann ist das so anziehend für dich,
dass du gerne ein Risiko oder mögliche Fehler und Gefahren in Kauf nimmst.

Neugier ist die Bereitschaft, sich neuen, manchmal komplexen Situationen auszusetzen. Immer wenn du eine neugierige Haltung einnimmst, sorgt das dafür, dass deine
Sinne geschärfter sind und deine Aufmerksamkeit auf das

Neue ausgerichtet ist. Zum einen lenkst du damit deinen Fokus weg von deinem Kopfkino, in dem in der Endlosschleife der Film läuft »Ich werde in meinem Leben eh nie das erreichen, was ich wirklich will« oder »100 Gründe, warum ich überfordert bin«. Zum anderen steigerst du durch deine Neugier die Wahrscheinlichkeit, dass du neue Wege findest, um deine Ziele zu erreichen.

Wecke deine Neugier aus dem Dornröschenschlaf

Die gute Nachricht: Selbst wenn du deine Neugier lange im Verborgenen hast schlummern lassen, kannst du sie wieder aktivieren und für dich nutzen. Das funktioniert, indem du dich bewusst Neuem mehr öffnest, anstatt immer weiter dem »Confirmation Bias« zu verfallen. Der Fachbegriff meint, dass wir als Erwachsene dazu neigen, unbewusst eher nach Informationen zu suchen, die unsere Meinung bestätigen, als nach neuen Sichtweisen oder Hinweisen, dass Dinge auch anders gehen könnten. Wenn du einen Menschen nicht magst, sorgt der »Confirmation Bias« dafür, dass dir vor allem seine Verhaltensweisen auffallen, die vielleicht wirklich nicht das Gelbe vom Ei sind. Alle positiven Aktionen blendest du eher aus oder wertest sie ab. Wenn du früher in der Schule bei Aufsätzen immer schlechte Noten hattest, kann das dazu führen, dass du felsenfest davon überzeugt bist, nicht gut schreiben zu können, und du wirst es deshalb auch als Erwachsener gar nicht erneut versuchen, obwohl du vielleicht ein begnadeter Autor sein könntest.

Wenn du glaubst, dass es keinen Weg gibt, wie du deine Ziele erreichst, wirst du nicht mit einem offenen, neugierigen Blick durch die Welt gehen, sondern dir werden eher

Hindernisse auffallen und Fehler, die du gemacht hast. Bei Lösungswegen, die dir jemand vorschlägt, wirst du nur denken: »Das geht doch eh nicht« oder »Bei mir ist alles anders, da funktioniert das nicht«.

Diese unbewussten »Standardbeurteilungen« laufen so schnell ab, dass wir es oft gar nicht mitbekommen. Deswegen halte öfter kurz inne und frage dich:

▶ *»Ist das wirklich so?«*

Wenn du ernsthaft darüber nachdenkst, wirst du in einigen Fällen anfangen zu zweifeln. Zweifel ist ein guter Trigger für Neugier, denn wenn wir unsicher sind, haben wir den Drang, für Klarheit zu sorgen. Am besten fängst du damit an, die Dinge anzuzweifeln, die du schon seit Langem denkst oder tust. Falls du jetzt Angst hast, dass du auf diese Weise dein ganzes Leben infrage stellst: Darum geht es mir nicht! Es geht mir darum, dass du dich aus dem Gewohnheitsschlaf weckst und deine Welt bewusster wahrnimmst. Viel zu oft haben wir nämlich nur Vermutungen und agieren so, als wären es Tatsachen. Der neugierige Blick lässt dich blinde Flecken erkennen und damit Wege und Möglichkeiten, die dir vielleicht vorher entgangen sind.

Stell mehr Fragen!

Wie bereits gesagt, hat uns als neugierige Kinder ausgezeichnet, dass wir ständig »Warum?« gefragt haben. Ich weiß noch, dass ich als Kind meine Eltern damit in den Wahnsinn getrieben habe. Meine Mutter hat mir deshalb im Scherz den Beinamen »Grammofon« gegeben, weil ich manchmal wie eine Platte mit einem Sprung immer wieder nach dem Warum gefragt habe. Ich habe erst aufgehört, wenn ich genug Erklärungen von meinen Eltern bekommen hatte.

Als Erwachsene stellen wir wesentlich weniger Fragen, sondern treffen eher Aussagen. Das gibt uns das Gefühl, souverän zu sein und alles im Griff zu haben. Zum einen ist das nur eine vermeintliche Sicherheit, denn niemand ist allwissend und ohne Irrtum. Zum anderen sind Aussagen kein Ausdruck einer offenen, interessierten Haltung, sie sprechen eher für eine gefestigte und damit manchmal begrenzende Sicht der Dinge. Mit jeder Frage, die du dir oder anderen stellst, öffnest du dich und steigerst die Chance, neue Möglichkeiten zu entdecken.

Hier ein paar Beispiele für kraftvolle Neugierfragen:

Warum?
Die Idee zur Polaroid-Sofortbildkamera entstand durch die »Warum?«-Fragen einer Dreijährigen. Die Tochter des Erfinders Edwin Herbert Land konnte es nicht abwarten, das Foto zu sehen, das ihr Vater gerade gemacht hatte. »Warum müssen wir ein paar Tage warten, bis wir das Bild sehen können?«, fragte sie und weckte so die Neugier in ihrem Vater, einen Weg zu finden, um in wenigen Minuten ein entwickeltes Foto in den Händen zu halten. Ich weiß, heute sind wir dank Smartphones daran gewöhnt, unsere Fotos in Bruchteilen von Sekunden nach der Aufnahme zu sehen. 1947 war die Sofortbildkamera aber eine Sensation.

Du selbst kannst auch sensationelle Entdeckungen machen, wenn du öfter nach dem Warum fragst. Durch ein »Warum?« kannst du dich zum Beispiel selbst reflektieren:

- »Warum tue ich die Dinge so, wie ich sie tue?«
- »Warum lese ich gerade jetzt und hier in diesem Buch?«
- »Warum ist mein Arbeitsplatz so gestaltet, wie er es im Moment ist?«
- »Warum interessiert/stört/ärgert mich X?«

Entweder machen dir deine Antworten den Sinn deutlicher, warum du gewisse Dinge tust (siehe auch den Teil »Power-Booster #1: Clarity – Klarheit«), oder du erkennst, dass es einen besseren Weg gibt, da der aktuelle keinen Sinn (mehr) für dich ergibt.

Ich hinterfrage zum Beispiel regelmäßig meine Seminare, damit ich eine hohe Qualität halten kann. Dabei schaue ich auch auf vermeintliche Kleinigkeiten wie: »Warum mache ich die Sitzordnung so, wie ich sie mache?« Zum Hintergrund: In meinen Workshops sitze ich mit den Teilnehmern im Stuhlkreis, der an einer Seite offen ist, dort stehen Flipcharts und Pinnwände, auf die alle einen guten Blick haben. Meine Antwort auf das »Warum?« lautet, dass ich im Seminar Beteiligte und keine Zuschauer haben möchte. Jeder soll sich als Teil der Gruppe fühlen und sich einbringen, da nur so jeder die Dinge lernen kann, die ihn wirklich interessieren. Dadurch, dass wir im Kreis sitzen, sehen wir uns gegenseitig, und niemand hat einen Tisch vor sich, wodurch es weniger Distanz gibt, da sich so niemand »verstecken« kann.

Durch diese und ähnliche Reflexionen mache ich mir selbst immer wieder das Warum bewusst und kann dann entsprechend Dinge optimieren. Beim Beispiel der Sitzordnung hatte ich letztens die Idee, dass ich noch mehr Offenheit zwischen den Teilnehmern erziele, wenn sie im Lauf des Seminartages öfter die Plätze wechseln, sodass sie immer wieder neben anderen Teilnehmern sitzen und auch den Raum aus einer anderen Perspektive sehen. Ich bin schon neugierig, welche neuen Ideen mir das nächste Mal kommen, wenn ich nach dem »Warum?« in Bezug auf die Sitzordnung frage.

Auch wenn du selber keine Seminare gibst, hilft dir vielleicht das Beispiel, um besser zu verstehen, welchen Nutzen es hat, öfter über dich zu reflektieren. Ganz wichtig: Du solltest dich dabei niemals mit einem »Weil ich es schon immer so gemacht habe!« als Antwort zufriedengeben.

Interessiere dich auch für die Dinge, die deine Freunde, Kollegen oder andere Menschen tun: »Warum machst du die Dinge so, wie du sie tust?«

Es geht dabei nicht darum, das Verhalten des anderen zu kritisieren oder selbst ein Experte in dem Fachgebiet des anderen zu werden, sondern diese Frage erweitert deinen Horizont. Das neue Wissen hilft dir, andere Lösungen für deine Aufgaben zu finden oder zumindest mit einer anderen Haltung daranzugehen.

Bei mir um die Ecke hat zum Beispiel vor einem Jahr ein neuer Bäcker aufgemacht mit dem Namen »prôt«. Der Name ist Programm, denn das althochdeutsche Wort bedeutet Brot, und bei Bäckermeister Alex bekommst du auch nur das. Keine Teilchen, keinen Kuchen, noch nicht mal Brötchen, sondern nur Brot.

Aus Neugier habe ich ihn gefragt, warum er sein Sortiment so sehr beschränkt hat. Seine Antwort: Er möchte den Fokus auf gutes, handgemachtes Brot legen. Er benutzt keine Industriebackmischungen oder Knetmaschinen, sondern es ist alles Handarbeit. Die Backstube und der Verkaufsraum sind eins, sodass du Alex beim Backen über die Schulter schauen kannst. Sein Konzept ist aufgegangen, denn oft stehen die Kunden bis zur nächsten Straßenecke Schlange, und regelmäßig ist schon mittags alles ausverkauft.

Meine »Warum«-Frage an Alex hat mir spannende Erkenntnisse gebracht:

- Du kannst auch in einem Traditionsberuf mit einer sehr spitzen Positionierung erfolgreich sein.
- Glaube an dein Konzept.
- Brot ist nicht gleich Brot.

Deshalb: Frage öfter mal »Warum?«.

Wie geht es noch?

Diese Frage ist für mich eine der besten Fragen, die du dir stellen kannst. Aus drei Gründen:

1. Du öffnest deinen Blick auf der Suche nach weiteren Möglichkeiten. Dadurch wirst du auch mehr Optionen entdecken.
2. Du machst dir bewusst, dass es mehr als eine Möglichkeit gibt, Dinge anzugehen: Du wirst dich freier fühlen.
3. Du machst dir klar, dass du die Wahl hast. Das macht dich selbstbewusster.

Gerade in den Fällen, in denen du dich eingeengt und beschnitten fühlst, solltest du dich fragen: »Wie geht es noch?« Einer meiner Klienten, nennen wir ihn aus Gründen der Vertraulichkeit Peter, hatte zum Beispiel beruflich große Ziele und volle Tage. Was ihn dabei besonders belastete, war allerdings ein privates Thema: Er war mit dem Kopf immer bei seiner Ex-Freundin, die ihn verlassen hatte.

Peter hatte nie so ganz verstanden, weshalb, und es gab nie eine Aussprache. Da er sich so verletzt von ihr gefühlt hat, wollte er allerdings keinen Kontakt mehr zu ihr, aus Angst, noch mehr einstecken zu müssen. Als er bei mir das Thema anschnitt, gab es für ihn nur zwei Optionen:

1. Weiterhin versuchen, sie zu vergessen.
2. Sie anrufen.

Die erste Variante war ihm bisher nicht gelungen, und davor, sie anzurufen, hatte er zu sehr Angst. Ich habe mit Peter im Coaching gar nicht lange über das Pro und Kontra der beiden Möglichkeiten gesprochen, sondern ihn ermuntert, darüber nachzudenken, was es noch für Optionen geben könnte. Am Anfang war er überzeugt, dass keine Alternativen existierten. Mit der Zeit erwachte aber seine Neugier, und er entdeckte immer mehr zusätzliche Optionen:

3. Mail an sie schreiben mit seinen Fragen, warum genau sie ihn verlassen hat.
4. Brief schreiben, in dem er ihr seine Gedanken mitteilt, wie sehr er sich von ihr verletzt fühlt, ohne sich für ihre Gründe zu interessieren.
5. In Gesellschaft mit ihr sprechen, da ihm das leichterfällt als unter vier Augen. Dazu könnte er öfter in einen Club gehen, in dem sie auch hin und wieder die Abende verbringt, um sie »zufällig« zu treffen.
6. Intensiver eine neue Freundin suchen, um über seine Ex-Freundin hinwegzukommen.

Je länger Peter über weitere Möglichkeiten nachdachte, desto entspannter wurde er. Er bekam förmlich Spaß daran, sich auszumalen, was es noch für kleine Abwandlungen der Optionen gab, die einen Unterschied machten. Er fühlte sich nicht mehr als Opfer der Umstände, sondern als Gestalter.

Bist du neugierig, wie die Sache ausgegangen ist?

Peter hat sich für einen mehrstufigen Plan entschieden, der im Idealfall über mehrere Etappen zu einem Treffen mit seiner Ex führen sollte. Durch diese schrittweise Annäherung hatte er nicht mehr die Angst, von ihr erneut vor den Kopf gestoßen zu werden.

Er hat also seiner Ex-Freundin eine erste Mail geschrieben, in der er ihr mitgeteilt hat, wie sehr es ihn belastet, dass sie sich von ihm getrennt hat, ohne dass er etwas über die Gründe weiß, und dass er in diesem Punkt gerne Klarheit hätte. Ziel dieser ersten Mail war es, von ihr das Feedback zu bekommen, ob sie bereit wäre, offen mit ihm über ihre Entscheidung, sich von ihm zu trennen, zu sprechen. Sie sollte auch entscheiden, ob der Austausch per Mail oder Telefon stattfinden sollte.

Die zweite Stufe war der Dialog mit ihr. Sie hatte als Antwort auf die erste Mail geschrieben, dass sie gerne telefonieren könnten. Mehrere Telefonate gaben Peter dann genug Selbstsicherheit, um sie zu treffen – das war für ihn der erhoffte dritte und letzte Schritt. In einem späteren Coaching erzählte er mir, welch heilsame Wirkung dieses Treffen für ihn gehabt hatte, da er in ihrer Gegenwart spürte, dass er zum einen nichts mehr für sie empfand und zum anderen inzwischen eine solche Distanz gewonnen hatte, dass sie ihn nicht mehr verletzen konnte.

Die »Wie geht es noch?«-Frage funktioniert aber nicht nur in solch emotionalen Fällen, sondern auch bei ganz alltäglichen Dingen wie:

»Wie könnte ich noch meine Aufgaben planen?«

»Was könnte ich noch machen, um mehr Bewegung zu haben?«

»Wie könnte ich noch Klavierspielen lernen?«

…

Wie könnte ich es schlimmer machen?

Bei dieser Frage denkst du vielleicht, dass ich spinne, da sie doch nicht zielführend ist. Doch das ist sie, und zwar auf eine besonders trickreiche Art! Manchmal haben wir durch Stress, Zweifel oder aus anderen Gründen eine Denkblockade und sehen keine Lösungen. Wir haben den Eindruck, keine Wahl zu haben und uns mit der aktuellen Situation abfinden zu müssen. Durch die Frage »Wie könnte ich es noch schlimmer machen?« löst du diese mentale Blockade: Es fällt uns oft leichter, schwarzzumalen als rosarot, und so kommst du durch diese paradoxe Frage wieder gedanklich in Bewegung.

Zum einen machst du dir bewusst, dass du einen Einfluss auf deine Situation hast: Wenn du etwas verschlechtern kannst, dann kannst du es auch verbessern. Außerdem kannst du deine »schwarzen Ideen« am Ende nutzen, um dir sinnvolle Lösungen zu überlegen, indem du sie einfach umkehrst.

Letztens habe ich ein Teambuilding mit den Mitarbeitern eines großen Friseurladens gemacht. Es gab im Team viele kleine Streitigkeiten, Misstrauen und andere Baustellen. Eine Aufgabe, die ich den Friseurinnen und Friseuren gegeben habe, war, Antworten auf die Frage zu finden: »Wie könnte ich es schlimmer machen?« Zuerst waren alle verdutzt und haben den Sinn nicht verstanden. Als sie aber erst mal angefangen haben, Ideen zu notieren, fanden sie mehr und mehr Spaß daran, die Dinge immer dramatischer zu gestalten. Dadurch sind ihnen auch ihre echten Sorgen und Nöte bewusster geworden. Als ich sie danach gebeten habe, ihre Verschlimmerungsideen in das Gegenteil umzuwandeln, um Lösungen zu finden, ging es auf einmal viel leichter für sie, Schritte zu entwickeln, die das Team wieder mehr zusammenbringen.

So war zum Beispiel eine der bösen Ideen, wie man die Stimmung im Team noch weiter nach unten ziehen könnte: »Nach dem letzten Kunden lasse ich einfach alles stehen und liegen und gehe nach Hause. Sollen die anderen doch aufräumen.« Dadurch wurde allen noch mal bewusst, dass sie mehr als Team zusammenstehen und sich unterstützen mussten, wenn es einen besseren Zusammenhalt geben sollte. Sie entwickelten die Idee, dass sich jeder, bevor er nach Hause geht, bei allen verabschiedet und fragt, ob er noch etwas helfen könne. Allein diese Maßnahme hat in den nächsten Wochen zu einer Entspannung im täglichen Miteinander geführt.

Auch für deine Themen kannst du diese »dunkle Seite der Neugier« nutzen, um neuen Schwung zu bekommen. Erlaube dir, genauso wie die Friseure, dir immer dramatischere und krassere Wege zu überlegen, wie du deine Situation schlimmer machen kannst. Das ist sehr befreiend und öffnet dir neue Perspektiven.

Wo wir gerade bei den schrägen Methoden sind, möchte ich dir noch ein ungewöhnliches Tool mit an die Hand geben:

Tool »Magisches Objekt«

Wenn du gerade keine Idee hast, wie du deinem Ziel näher kommen kannst, dann nimm dir irgendeinen Gegenstand, der in deiner Nähe ist. Das kann ein Buch sein, eine Getränkedose, ein Schreibutensil … es ist ganz gleichgültig. Wichtig ist nur, dass du nicht groß darüber nachdenkst, was du nimmst.

Schau dir den Gegenstand genau an, berühre ihn, riech auch daran, wenn du magst. Und jetzt frage dich:

▶ *»Was kann ich von diesem Gegenstand lernen?«*

Ich hatte dich vorgewarnt! Es ist eine wirklich schräge Methode. Also: Was kannst du von diesem Gegenstand lernen? Hat er vielleicht eine bestimmte Farbe, die dich an etwas erinnert, das dich weiterbringt? Hat er eine Funktion, die dich inspiriert? Sind ein oder mehrere Worte darauf geschrieben, die eine Assoziation in dir auslösen?

Lass dich wirklich darauf ein und gib dir Zeit. Du wirst überrascht sein, welche neuen Impulse du auf diese Art und Weise bekommst.

Ich habe zum Beispiel letztens überlegt, wie ich es schaffe, trotz meines aktuell sehr vollen Kalenders alle Projekte rechtzeitig fertig zu bekommen. Mein Blick fiel zufällig auf den Topf mit der Pflanze, die auf meinem Schreibtisch steht. Es ist eine kleine Kastanienart. Ich habe mir Zeit genommen, sie mir genau anzuschauen, und habe über die Blätter gestreichelt. Alleine das hat mir schon einen kleinen Energieschub gegeben, weil es mich entspannt hat. Dann habe ich mich gefragt, was ich wohl von diesem kleinen Bäumchen lernen könnte für meine Planung. Mir fiel als Erstes auf, dass der Stamm krumm und schief ist, aber trotzdem stabil. Daraus habe ich für mich abgeleitet, dass ich keinen perfekt geplanten Weg gehen muss und trotzdem ein stabiles Ergebnis liefern kann. Daraufhin habe ich mir keine Gedanken mehr über kleine Zwischenziele gemacht, sondern nur noch die großen Steps geplant. Was mir außerdem bei der kleinen Kastanie ins Auge gefallen ist, waren die Blätter: Sie haben sich in Richtung meiner Tageslicht-Schreibtischlampe ausgerichtet, und es ist eine Mischung aus dunkelgrünen, älteren Blättern und hellgrünen, frischen Blättern. Hier hatte ich die Assoziation: Mische deine alten Erfahrungen mit neuen Ideen und achte darauf, dass du möglichst viel Tageslicht hast, damit du wach und frisch bleibst. Auch diese beiden Impulse haben mir neuen Schwung gegeben.

Für dich sind meine Inspirationen durch die kleine Kastanie vielleicht nicht nachvollziehbar, oder du empfindest sie nicht als große »Aha!«-Momente. Das ist vollkommen in Ordnung. Deine eigenen Erkenntnisse durch das »Magische Objekt« müssen auch nur für dich stimmig und inspirierend sein.

Probier es am besten gleich mal aus: Welche Aufgabe bereitet dir gerade Kopfzerbrechen, welcher Gegenstand in deiner Nähe fällt dir als Erstes ins Auge, und was könntest du von ihm lernen? Viel Spaß bei deinen Entdeckungen!

Neugier kann aber noch mehr, als dir neue Wege aufzuzeigen! Sie bringt dir auch neue Energie. Warum das so ist und wie es funktioniert, erfährst du ab der nächsten Seite.

Neugier gibt dir Energie

Neugier ist wie buntes Konfetti für deine grauen Zellen. Sie macht dein Leben spannender und energiereicher. Neugier gibt dir eine Leichtigkeit, weil du Dinge aus Lust tust und nicht, weil du sie tun musst. Außerdem lernst du leichter und schneller, wenn du neugierig bist.

Für eine Studie wurden neue Mitarbeiter eines Callcenters gebeten, einen Fragebogen auszufüllen, in dem es darum ging, wie neugierig sie auf den Job waren. Nach einem Monat wurden diese Probanden zu einem Interview gebeten. Es zeigte sich, dass sich diejenigen, die neugierig auf den Job waren, viel sicherer in ihrer Tätigkeit fühlten. Sie hatten bei den Schulungen mehr mitgenommen und sich zusätzlich durch Gespräche mit erfahrenen Kollegen selbst die Informationen besorgt, die sie brauchten, um einen guten Job zu machen. Außerdem waren die von Neugier getriebenen Frischlinge wesentlich kreativer darin, zufriedenstellende Lösungen für die Kunden zu finden, und waren allgemein leistungsfähiger. Diejenigen, die den Job im Callcenter nur zum Geldverdienen machten und kein echtes Interesse an der Tätigkeit hatten, brachten dagegen schlechtere Leistungen und waren schneller erschöpft.

Lernziele statt Leistungsziele

Damit du die Kraft der Neugier für dich nutzen kannst, um mit mehr Energie durch den Tag zu gehen, solltest du dir öfter Lern- anstelle von Leistungszielen setzen.

Welchen Unterschied das macht, zeigt eine von Professor Don Vandewalle von der Southern Methodist University durchgeführte Studie. Deren Probanden waren Verkäufer, die ein hochpreisiges medizinisches Produkt im Wert von 5400 Dollar an den Mann bringen sollten. Während die eine Gruppe leistungsorientiert unterwegs war, also von ihrem Chef eine Vorgabe bekommen hatte, wie viele Einheiten sie mindestens verkaufen sollten, hatte die Vergleichsgruppe keine Leistungsziele, sondern Lernziele. Hier sollten sich die Probanden in den Verkaufsgesprächen darauf fokussieren zu lernen, wie sie besser auf den Kunden eingehen konnten, um so mehr zu verkaufen.

Was glaubst du, wer besser abgeschnitten hat? Es waren die neugierigen Verkäufer, die herausfinden wollten, wie sie bessere Verkaufsgespräche führen konnten! Und das, obwohl den umsatzgetriebenen Verkäufern ein Bonus von 300 Dollar pro verkauftes Gerät winkte.

Viele weitere Studien bestätigen diese Erfahrung und zeigen, dass Aufgaben, die mit Lernzielen verbunden sind – Kompetenzen entwickeln, Fertigkeiten erwerben, unbekannte Situationen meistern – statt mit Leistungszielen – Zielvorgaben erreichen, Kompetenz unter Beweis stellen, andere beeindrucken –, die Motivation erheblich steigern. Dazu lernen wir noch etwas und verbessern unsere Fähigkeiten.

Deswegen ist meine Empfehlung: Frage dich jeden Tag: »Was will ich heute lernen? Worauf bin ich heute neugierig?« Belohne dich dann abends, indem du reflektierst, was du heute gelernt hast, anstatt dich selbst für die Dinge zu kasteien, die nicht geklappt haben.

Nun gibt es auch Momente in unser aller Leben, in denen wir gerade noch voller Energie unterwegs waren, dann jedoch mit einem Mal das Gefühl haben, vor eine Wand zu laufen, weil Dinge plötzlich komplett danebengehen. Auch hier kann dir Neugier helfen.

Neugier macht dich resilienter

Da es hier immer wieder Missverständnisse gibt: Resilienz bedeutet nicht, dass du unverletzbar bist und dich nichts aus der Bahn wirft. Ich denke, es gehört zum Menschsein dazu, auch mal am Boden zu sein. Resilient zu sein bedeutet, sich von einem Rückschlag schnell wieder zu erholen. Wie ein Stehaufmännchen, das zwar gekippt werden kann, sich dann aber schnell wieder aufrichtet. Und genau dabei kann Neugier dir helfen.

Der erste Schritt dazu ist, deine Neugierde auf das Positive zu lenken beziehungsweise danach zu suchen, wenn du es nicht direkt siehst. Bei Pixar, dem Produzenten von Animationsfilmen wie *Toy Story*, *Monster AG* oder *Findet Nemo*, gehört das zum Alltag. Die Filmemacher nennen dieses Vorgehen »Plussing«. Immer wenn etwas gewaltig schiefgeht, eine Idee nicht funktioniert oder ein Konzept nicht überzeugt, wird der Scherbenhaufen nicht betrauert, sondern es wird vielmehr nach dem einen »Plus« Ausschau gehalten. Gemeint ist damit, den Fokus auf das eine kleine Teilchen zu lenken, das noch gut zu gebrauchen ist. Wenn zum Beispiel der Entwurf einer neuen Zeichentrickfigur misslungen ist, dann schauen die Zeichner, Autoren und Regisseure noch mal genauer hin und überlegen, welches Detail durchaus gut geworden ist. Vielleicht die Form der Augen oder die Farbzusammenstellung des Outfits. Dieses wertvolle Fragment wird dann als Grundlage genommen, um drum herum etwas Neues aufzubauen.

Tool »Plussing«

Was für die erfolgreichen Filmemacher funktioniert, wird dir auch helfen, wenn dir das nächste Mal etwas misslingt.

Stell dir dann folgende Fragen:

▶ *»Welches Detail war gut an der Art, wie ich es gemacht habe?«*

▶ *»Was kann ich aus dem Fehlschlag lernen?«*

Wichtig ist dabei deine neugierige Haltung, denn dadurch fühlst du dich nicht als hilfloses Opfer, sondern als aktiver Gestalter.

Wenn du dann einen oder mehrere nützliche Aspekte gefunden hast, benutze sie als Grundlage, um darauf deine neue Strategie aufzubauen.

Vielleicht ist dein Gespräch mit einem Kollegen, einem Freund oder einem Familienmitglied nicht gut gelaufen. Wenn du neugierig darauf zurückschaust, fällt dir möglicherweise auf, dass der Einstieg an sich gut war oder der Zeitpunkt, an dem du es geführt hast. Vielleicht gab es auch einen wichtigen Satz von dir, der perfekt war und genau das ausgedrückt hat, was du sagen wolltest. Du könntest dann darauf aufbauen und überlegen, wie du dieses gute Puzzlestück für einen neuen Anlauf verwenden kannst. Dein perfekter Satz könnte zum Beispiel ein Einstieg in eine Mail sein, mit der du das Thema nochmals angehst. Oder du suchst ein neues Gespräch zu einem ähnlichen Zeitpunkt wie das erste, strukturierst es aber anders. Nutze das, was schon gut war, damit du schneller wieder auf die Beine kommst.

Vielleicht ist es dir schon mal aufgefallen: Wenn du über Dinge, die dich nerven, lachen kannst, dann hast du es leichter, eine Lösung zu finden. Wenn es dir gelingt, dich mit einem Augenzwinkern zu fragen:

▶ »Wie habe ich es geschafft, mich in diese blöde Situation zu bringen?«

…dann kannst du diese Leichtigkeit nutzen, um neue Erkenntnisse zu gewinnen, die dich weiterbringen. Wichtig ist dabei der liebevolle Blick auf dich selbst.

Ein Klient von mir war zum Beispiel immer extrem nervös, wenn er bei einem Meeting etwas präsentieren musste. Dies führte dazu, dass er oft nicht überzeugen konnte, und das ärgerte ihn. Als Konsequenz hat er sich selbst Vorwürfe gemacht. Nachdem wir miteinander warm geworden waren, habe ich ihn mit einem Lächeln gefragt: »Wie schaffst du es, dass du bei jeder Präsentation so zuverlässig nervös wirst und es versemmelst?« Er musste über sich selbst lachen und sagte: »Stimmt, das muss ich mir lassen, im Nervöswerden bin ich wirklich sehr zuverlässig!«

Wir sind dann gemeinsam Schritt für Schritt durchgegangen, was er zur Vorbereitung einer Präsentation tut. Ich bat ihn, dabei wie ein Detektiv vorzugehen, der Indizien sammelt. Dadurch, dass unser Gespräch so eine Leichtigkeit hatte, gefiel ihm das Vorgehen. Seine Neugierde war geweckt. Plötzlich fiel es ihm wie Schuppen von den Augen, warum er immer wieder nahe an der Panikattacke war, wenn er präsentierte: Er ging mit der Haltung »Augen zu und durch« an die Sache. Sowohl bei der Vorbereitung als auch bei der eigentlichen Präsentation. Dadurch befasste er sich im Vorfeld nur oberflächlich mit den Themen und war beim Vortrag selbst mit den Gedanken schon beim heiß ersehnten Feierabendbier, weil er es dann endlich hinter sich haben würde. Er war dadurch bei seinen Präsentationen nicht im Moment, und das sorgte für seine Unsicherheit. Sein Learning: Mehr Zeit lassen bei der Vorbereitung und auch bei der Präsentation. Auf diese Weise konnte er mehr in sich ruhen, und seine Nervosität schrumpfte auf ein Minimum.

Es gibt noch einen weiteren Aspekt, in dem Neugier dir hilft, leichter voranzukommen. Wenn du neugierig bist, was das ist, dann blättere einfach um.

Neugier sorgt für weniger Widerstand

Du kannst die für dich genialsten Ziele gefunden haben, eine Idee haben, wie du diese erreichen kannst, und voller Energie losgehen … und dann kommen diese speziellen Freunde, Kollegen oder Familienmitglieder ins Spiel. Mit ihren Zweifeln, ihrer Kritik und ihren Widerständen bremsen sie dich aus. Sei es, dass deine Mutter aus Sorge immer wieder fragt, ob dieser Weg denn wirklich der richtige für dich sei, ein Freund ständig alles besser weiß oder deine Chefin eine komplett andere Vorstellung davon hat, wie du deinen Job zu machen hast.

Grundsätzlich gilt: »Druck erzeugt Gegendruck«, das heißt, es ist eine natürliche Reaktion, dass du auf den Widerstand deines Gegenübers ebenfalls mit Widerstand reagierst. Mit der Zeit schaukelt ihr euch gegenseitig hoch, und das endet dann meist in einem handfesten Konflikt, in dem du jede Menge Energie unnütz verbrennst.

Um dieses Muster zu durchbrechen, hilft auch die Allzweckwaffe »Neugier«, denn das ist genau das Gegenteil von Widerstand. Anstatt dich von dem anderen innerlich wegzubewegen oder ihn wegzuschieben, gehst du auf ihn zu. Wenn du ihn nicht mit Gegenargumenten bombardierst, sondern dich für seine oder ihre Meinung ernsthaft interessierst, hast du drei Vorteile: [1]

1. Oft will der andere einfach nur gehört werden, und wenn du ihm deine echte Aufmerksamkeit schenkst, wird er sich danach zurücknehmen.
2. Du steigerst die Wahrscheinlichkeit, dass dein Gegenüber sich auch für deine Meinung interessiert, nachdem du ihm oder ihr aufmerksam zugehört hast.
3. Du lernst eine andere Sichtweise kennen, und vielleicht kannst du daraus für dich nützliche Erkenntnisse ableiten.

Falls sich jetzt ein Widerstand in dir regt und du denkst: »Was? Jetzt soll ich auch noch Zeit und Energie in solch ein Gespräch investieren, wo der andere mich doch eh schon aufhält!?«, frag dich, was die Alternative wäre. Meistens versuchst du wahrscheinlich, den anderen von deiner Meinung zu überzeugen oder ihn zu ignorieren. Dein Gegenüber wird aber so schnell keine Ruhe geben, und so kostet dich diese Vorgehensweise auf Dauer mehr Kraft, als die Sache einmal intensiv anzugehen.

Verstehen heißt nicht recht geben

Mach dir dabei bewusst, dass du dem anderen nicht automatisch recht gibst dadurch, dass du dich für seine Meinung interessierst und versuchst, sie nachzuvollziehen. Wir haben oft diesen Denkfehler, dass wir glauben, ein echtes Interesse wäre eine Zustimmung... die wir ja gar nicht geben wollen, weil wir schließlich von unserem Weg überzeugt sind. Deshalb ist es gut, wenn du dir immer vor

Augen hältst, dass deine Neugier für die Beweggründe eines »Bremsers« nicht mit einer Zustimmung gleichzusetzen ist.

Hier ein paar Impulse, wie du vorgehen kannst, wenn jemand dir im Weg steht oder dir den Wind aus den Segeln nehmen will:

 Tool »Bremsen-Check«

Grundsätzlich ist es wichtig, dass du in keiner Abwehrhaltung bist, wenn du das Gespräch suchst. Solltest du einen Widerstand in dir spüren, wenn ein Kollege, Freund oder jemand aus deiner Familie dein Vorgehen kritisiert oder dich vor etwas schützen will, dann nimm es erst mal nur zur Kenntnis. Gib dir Zeit, es sacken zu lassen. Warte ab, bis du dich wieder beruhigt hast, bevor du in den Dialog gehst. Such dir dazu einen Ort, an dem ihr ungestört seid, und plane ausreichend Zeit ein, damit ihr in Ruhe sprechen könnt.

Deine Haltung sollte offen, neugierig und wertschätzend sein. Dein hauptsächliches Ziel: Verstehen! Und du weißt ja jetzt, dass Verstehen nicht recht geben bedeutet.

Im Gespräch würde ich dann so vorgehen:

1. Mach deutlich, dass du gerne die Meinung des anderen besser verstehen möchtest.

2. Hör erst mal nur zu! Reagiere nicht mit »Ja, aber …« oder »Das stimmt doch so gar nicht …« oder Ähnlichem.

3. Wenn du die Sichtweise des anderen nicht nachvollziehen kannst, dann stelle Verständnisfragen wie:
- »Warum ist dir X wichtig?«
- »Weshalb genau findest du meinen Weg nicht richtig?«

- »Ich spüre bei dir einen Widerstand in Bezug auf meine Idee. Hast du da tatsächlich einen, und wenn ja: Woher kommt der?«
- »Was ist deine konkrete Sorge, was passieren könnte, wenn ich X mache?«
- »Was müsste geschehen, damit du mit meiner Entscheidung einverstanden bist und mich vielleicht sogar unterstützt?«
- …

Hier geht es nur um das reine Verständnis. Liefere keine Gegenargumente oder Kritik an den Aussagen deines Gegenübers.

Frag so lange nach, bis du die innere Logik des anderen wirklich verstehst. Stell dir vor, es wäre wie bei einem Film oder einem Roman: Da möchtest du ja auch die Beweggründe der Charaktere verstehen, egal ob Liebhaber, Prinzessin, Detektiv, Mörder oder sprechender Fisch.

Behalte dabei deine neugierige Haltung und frage dich: »Was von dem, das ich gerade erfahre, ist nützlich für mich? Wie kann ich diese Erkenntnisse positiv einsetzen?« Hier geht es nicht darum, eine Strategie zu entwickeln, wie du dem anderen die Worte im Mund umdrehen oder sie gegen ihn verwenden kannst! Es geht um einen wertschätzenden Umgang mit den Informationen, die du bekommst.

4. Fasse abschließend noch mal in deinen Worten kurz zusammen, was du verstanden hast. Zum einen gehst du damit sicher, dass alles bei dir richtig angekommen ist, und zum anderen ist das ein Ausdruck von Wertschätzung, da du damit zeigst, dass es dir wichtig ist, die Sichtweise deines Gegenübers wirklich zu verstehen.

5. Ganz am Ende fragst du: »Interessieren dich auch meine Gründe, warum ich mich für diesen Weg entschieden habe/ warum ich diesen Weg bevorzuge?«

Sollte der andere die Frage verneinen, dann beende höflich das Gespräch. Du hast jetzt zumindest mehr Klarheit über die Sichtweise des anderen, und es ist gut möglich, dass der andere dich jetzt in Ruhe lässt, weil er sich gehört fühlt. Meiner Erfahrung nach ist es allerdings höchst selten, dass jemand sich nicht für deine Haltung interessiert, nachdem du ihm ernsthaft zugehört hast.

Wenn dein Gegenüber zustimmt, dann erkläre ihm oder ihr deine Beweggründe. Dann können drei Dinge geschehen:

a) Dein Gegenüber ändert seine Meinung und unterstützt dich vielleicht sogar. Bingo!

b) Dein Gesprächspartner bleibt weiterhin bei seiner Meinung. In dem Fall hast du immerhin nichts verloren.

c) Ihr entwickelt aufgrund eurer jeweiligen Hintergründe einen neuen Weg, der für euch beide passt. Auch das hätte für dich einen großen Mehrwert.

Bist du neugierig auf die Meinung anderer, so hilft dir das nicht nur bei Widerständen und Kritik, sondern auch bei der Suche nach den für dich besten Wegen, um viel zu schaffen, ohne geschafft zu sein. Je mehr unterschiedliche Erfahrungen du kennst, desto größer wird deine Auswahl an Möglichkeiten, aus der du schöpfen kannst. Mein Tipp: Frage auch die Menschen um Rat, die ganz anders ticken als du und die du eigentlich deshalb nicht so gerne leiden magst. Dadurch steigerst du die Bandbreite an Ideen, aus denen du später auswählen kannst. Und sei es nur, dass du einen neuen Weg kennengelernt hast, wie du es nicht machen möchtest. Auch das kann hilfreich sein.

Nach Klarheit und Neugier fehlt jetzt nur noch Power-Booster #3, der dir einen ordentlichen Energieschub geben kann, damit du schneller vorankommst: die Kooperation. Lass uns also direkt zusammen in den nächsten Teil springen.

Power-Booster #3:
Cooperation – Kooperation

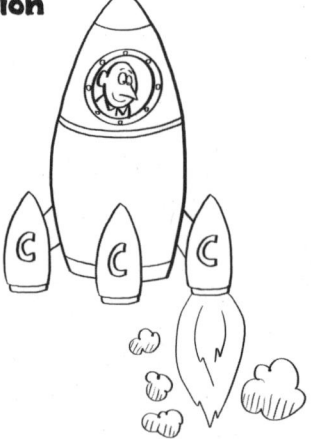

Warum wir uns häufiger Unterstützung holen sollten

Das Wort »Kooperation« stammt vom lateinischen *coope-ratio* und bedeutet so viel wie »Zusammenwirkung«. Genau darum geht es bei Power-Booster #3: Wenn du Dinge mit anderen zusammen bewegst, dann erreichst du mehr, ohne dich zu verausgaben. Ihr schafft Synergien, sodass alle Beteiligten einen Nutzen davon haben. Ihr schafft zusammen etwas, was jeder alleine nicht in dieser Qualität und in dieser Zeit hinbekommen hätte.

Das wird dir nicht neu sein, und trotzdem nutzt du die Unterstützung durch andere wahrscheinlich nicht oft genug. Ich möchte deshalb zum Einstieg mit dir zusammen typische Gründe beleuchten, die uns davon abhalten, öfter die Kraft der Kooperation zu nutzen:

> In der Zeit, in der ich dem anderen erklärt habe, was ich brauche, habe ich es schon dreimal selbst gemacht!

Wenn es um eine einmalige, kleine Unterstützung geht, teile ich diesen Gedanken. Wenn du regelmäßig Hilfe von jemandem benötigst oder in einem Bereich, in dem du kaum Wissen hast, dann lohnt es sich aber in jedem Fall, die Zeit und Energie zu investieren, um den anderen an Bord zu holen. Auf Dauer spart dir das viel Kraft.

> Die anderen verstehen mich doch eh nicht!

Vielleicht verstehen dich die anderen nicht, weil dir selbst die Klarheit darüber fehlt, was du genau brauchst. Falls du es noch nicht getan hast, dann lies dir meine Gedanken zu »Power-Booster #1: Clarity – Klarheit« durch.

Je klarer du bist, desto leichter kannst du andere von deinen Ideen überzeugen und desto eher bekommst du das, was du wirklich brauchst.

> Was ist denn, wenn der andere mir nicht helfen will? Ich habe keine Lust auf Ablehnung!

Die Frage ist, welchen Preis du zahlen möchtest. Wenn du gar nicht erst fragst, wirst du in keinem Fall Unterstützung bekommen, obwohl der andere dir vielleicht sehr wohl unter die Arme gegriffen hätte.

Der Preis für das Fragen ist, dass deine Bitte unter Umständen abgelehnt wird. Was ist für dich die bessere Rechnung, um deine Ziele zu erreichen?

Mach dir bewusst, dass jemand, der dir nicht helfen möchte, dich deshalb nicht gleich als ganze Person ablehnt. Es geht ja nur um die konkrete Sache. Fühle dich also bei einem »Nein!« nicht verletzt, sondern nimm es als Information, dass du dir woanders Unterstützung suchen musst.

Das wäre doch ein Zeichen von Schwäche, wenn ich um Hilfe bitte. Dazu bin ich zu stolz.

Was bringt dir mehr: Dein Stolz oder die Unterstützung, die du bekommen kannst?

Ich empfinde es gerade als Zeichen von Größe, seine eigenen Grenzen zu kennen und offen damit umzugehen. Außerdem ist es ein Zeichen von Wertschätzung, dem anderen zuzutrauen, dass er eine gute Unterstützung sein kann.

Mit anderen zusammenzuarbeiten ist mir zu anstrengend. Da muss ich ja ständig Rücksicht nehmen auf deren Befindlichkeiten!

Gerade weil deine Freunde, Kollegen oder Familienmitglieder andere Erfahrungen, Fähigkeiten oder Sichtweisen haben, bittest du sie ja um Hilfe. Damit geht eben auch einher, dass ihr in gewissen Punkten unterschiedliche Vorstellungen habt. Hier in Köln sagt man: »Jeder Jeck is anders!«, das bedeutet so viel wie: »Jeder Mensch tickt anders!« In dieser mundartlichen Feststellung steckt der liebevolle Gedanke, dass wir entspannt damit umgehen sollten, wenn jemand Dinge anders macht oder anders denkt, als wir es gerne hätten.

Genauso, wie dich manchmal die Eigenheiten deiner Unterstützer nerven, kannst du davon ausgehen, dass du sie auch von Zeit zu Zeit mit deiner Art nervst. Wenn es öfter zwischen dir und deinen Helfern Reibereien gibt, dann solltet ihr euch die Zeit nehmen, Spielregeln zu entwickeln, die für beide Seiten passen.

Wenn zum Beispiel ein Freund genervt von der Art und Weise ist, wie du deine Bitten formulierst, während es dich stört, dass er anscheinend nicht richtig zuhört, dann überlegt gemeinsam, was ihr in diesen Punkten anders machen könnt. Das wird euren Umgang leichter machen, als wenn ihr beide weiterhin mit einem angespannten Gefühl miteinander kommuniziert, weil ihr die Situation einfach nur ertragt und das Thema nicht auf den Tisch bringt.

Wenn du mehr darüber erfahren möchtest, warum wir mit manchen Mitmenschen besser zurechtkommen als mit anderen und wie wir auch mit scheinbaren Nervensägen gut klarkommen, dann lege ich dir mein voriges Buch *Überleben unter Kollegen* ans Herz. Es kann dir nicht nur im beruflichen Kontext von Nutzen sein, um besser mit anderen zusammenzuarbeiten, sondern auch in deinem privaten Umfeld.

Ich wüsste gar nicht, wen ich um Unterstützung bitte sollte!

Mein Tipp: Erzähle möglichst vielen Freunden, Bekannten und Kollegen von deinen Projekten, bei denen du Hilfe brauchst. Ich meine damit nicht, dass du im leidenden Ton berichten sollst, wie schwer du es hast, deine Ziele zu erreichen, sondern erzähle begeistert davon, was deine Projekte sind.

Anstatt zum Beispiel zu jammern: »Boah, meine Buchhaltung nervt mich total. Wenn mir nur jemand helfen würde. Aber ich habe ja kein Geld dafür«, mach dir lieber dein entsprechendes Ziel bewusst und teile es den anderen mit. Das könnte sich dann in etwa so anhören: »Ich habe ja einen Traum: Ich würde gerne meine Buchhaltung so optimieren, dass sie schneller geht als jetzt und dass ich das ohne fremde Hilfe hinkriege.« Wenn du das in einem positiven Ton erzählst und dann vielleicht noch ergänzt, was du schon für Ideen hast, wie das gelingen könnte, dann hast du gute Chancen, dass der andere interessiert ist, mehr zu erfahren. Wenn er sich mit dem Thema auskennt, wird er dir wertvolle Tipps geben.

Das wäre dann auch für dich das Zeichen, dass dein Gegenüber ein geeigneter Kandidat sein könnte, den du um weitere Hilfe bitten kannst. Zum einen interessiert er oder sie sich für das Thema, und zum anderen verfügt dein Gesprächspartner anscheinend über die nötigen Kompetenzen, wenn er dir von sich aus einen fundierten Rat geben kann.

Wie du dafür sorgst, dass Kooperationen wirklich einen Mehrwert für dich bringen und kraftvoll sind, darum geht es im nächsten Kapitel.

Wie Synergien kraftvoll werden

Der Begriff »Synergie« wird unter anderem in der Chemie verwendet und beschreibt dort das Phänomen, dass sich die Wirkung zweier Stoffe in der Kombination potenziert. Das nutzt man zum Beispiel bei Raketentreibstoffen.

Neben diesen positiven Synergien gibt es in der Chemie aber auch negative, die aus zwei gesunden Stoffen ein gefährliches Gift entstehen lassen. Damit dir das im zwischenmenschlichen Bereich nicht passiert, solltest du dich vor diesen drei Fallen in Acht nehmen:

Synergie-Gift #1: Konkurrenz

Wenn ein Freund oder Kollege neidisch ist, wird er dir vielleicht aus taktischen Gründen seine Hilfe anbieten, es aber nicht wirklich gut mit dir meinen.

Genauso solltest du nur jemanden unterstützen, dem du aus voller Überzeugung helfen möchtest. Sei ehrlich zu dir selbst und lass die Finger davon, wenn du so was denkst wie: »Warum soll ich der jetzt auch noch helfen? Die ist doch schon viel erfolgreicher als ich. Na gut, dann mach ich eben mit!«

Synergie-Gift #2: Misstrauen

»Hat mein Unterstützer wirklich Ahnung von der Sache, für die ich ihn brauche?«

»Behält meine Helferin wirklich alles für sich, was ich ihr im Vertrauen über mein Projekt erzählt habe?«

Wenn du dir solche Fragen stellst, dann wird eure Synergie keine Kraft entwickeln. Versuche deshalb, Zweifel so schnell wie möglich auszuräumen. Frage dich zum Beispiel, was für dich ein sicheres Zeichen wäre, dass der andere die Expertise hat, die du brauchst. Dann sprich offen mit ihm darüber.

Wenn du glaubst, dass dein Unterstützer vertrauliche Informationen weitergibt, dann sammle Beweise, konfrontiere sie oder ihn damit und beende die Kooperation.

Synergie-Gift #3: Ausnutzung

Wenn Geben und Nehmen sich nicht ausgleichen und die Dankbarkeit fehlt, dann habt ihr keine echte Synergie, sondern dann nutzt der eine den anderen aus. Auf Dauer wird das nicht gut gehen und für böses Blut sorgen.

Das gilt sowohl, wenn du die Bereitschaft eines Freundes, dir zu helfen, überstrapazierst, als auch, wenn deine Gutmütigkeit von anderen zu sehr ausgenutzt wird. Deshalb sag lieber einmal zu viel »Danke« und zeige dich erkenntlich, als es für selbstverständlich zu nehmen, dass dir jemand seine Zeit, seine Energie und seine Erfahrung zur Verfügung stellt.

Es schadet im umgekehrten Fall auch nicht, ab und zu nachzufragen, ob du gerade zu fordernd bist, und deinen Helfer zu bitten, dich zu bremsen, wenn du eine Grenze überschreitest. Nur weil jemand dich bei der zehnten Bitte immer noch anlächelt, weißt du deswegen nicht, ob er dir weiterhin aus voller Überzeugung zur Seite steht oder ob er einfach nur höflich ist.

Genauso solltest du es deutlich ansprechen, wenn du dich ausgenutzt fühlst. Das finde ich zielführender, als entweder mit zusammengebissenen Zähnen gute Miene zum bösen Spiel zu machen oder sich nur hinter dem Rücken bei

Kollegen oder Freunden darüber zu beschweren, dass der andere den Hals nicht voll genug kriegt.

Ich weiß, dass das nicht leicht ist, gerade wenn man den, dem man hilft, grundsätzlich gerne mag. Als kleine Schützenhilfe hier Formulierungen, die ich in solchen Fällen gerne benutze:

»Lieber X, ich habe dir bisher sehr gerne bei deinem Projekt geholfen. Allerdings wird es mir jetzt zu viel.«

Oder:

»Liebe Y, mir ist Wertschätzung wichtig. Leider spüre ich die bei dir gerade nicht. Ich habe schon einiges an Zeit und Energie investiert, um dir zu helfen, und habe das Gefühl, dass das selbstverständlich für dich ist. Bisher habe ich von dir noch kein Zeichen der Dankbarkeit bekommen, sondern habe eher den Eindruck, als würdest du immer mehr von mir wollen.«

Beide Aussagen führen im besten Fall zu einem Gespräch, in dem ihr eure Erwartungen abgleichen könnt. Sollte dein Gegenüber beleidigt reagieren oder deine Reaktion nicht nachvollziehen können, dann weißt du wenigstens, dass die Wertschätzung für deine Hilfe wirklich nicht da ist. Ich würde mir in diesem Fall überlegen, ob ich weiterhin unterstützen möchte.

Drei Faktoren für eine positive Synergie

Um festzustellen, ob jemand sehr wahrscheinlich ein guter Unterstützer für dich wäre, solltest du auf drei Dinge schauen:

1. Gemeinsame Interessen
Sie oder er sollte den Sinn in deinem Ziel sehen. Das ist die Grundvoraussetzung für eine motivierte Unterstützung.
2. Gemeinsame Werte
Sie oder er sollte ähnliche Vorstellungen haben, wie ihr zusammen unterwegs sein wollt. Wenn dir zum Beispiel Augenhöhe wichtig ist und deinem Helfer Status, werdet ihr euch immer wieder aneinander reiben.
3. Unterschiedliche Talente
Genau deswegen brauchst du einen Unterstützer: weil sie oder er etwas besser kann als du.

Wenn jemand alle drei Voraussetzungen erfüllt, ist die Chance groß, dass ihr gut zusammen funktioniert.

Die KOOP-Formel

Um möglichst viel Energie aus eurer Synergie zu ziehen, hat sich folgende Formel bewährt:

K-O-O-P

»KOOP« habe ich als Abkürzung für »Kooperation« gewählt und gleichzeitig als Merkhilfe für:

Kommunikation
Offenheit
Ohne Anstrengung
Partnerschaft

Lass uns die einzelnen Bausteine genauer unter die Lupe nehmen.

Kommunikation

Ich weiß, es wäre schön, wenn deine Mitmenschen dir deine Wünsche von den Augen ablesen würden. Du müsstest dann nichts erklären und würdest nie Zurückweisung erfahren. Leider wird das ein Traum bleiben – zumindest meist. Deshalb: Kommuniziere klar, wofür und in welcher Form du dir Hilfe wünschst. Das macht es dem anderen leichter, zu entscheiden, ob er dir helfen möchte und kann.

Und auch während eurer Kooperation ist es wichtig, dass ihr euch Feedback gebt. Wir setzen oft zu viel voraus, und das führt dann zu Missverständnissen und Ärger.

Du bittest zum Beispiel eine Freundin, die sehr gut basteln kann, dir die Einladungskarten für den Geburtstag deines kleinen Sohnes zu gestalten. Du wünschst dir auf der Außenseite ein plastisches Motiv aus Stoff in Form eines Tigers. Deine Freundin stimmt zu und verspricht dir loszulegen, sobald sie das Material zusammen hat.

Du wartest eine Woche … zehn Tage … auch nach zwei Wochen hast du nichts von ihr gehört, geschweige denn die Karten bekommen. Du bist sauer. Hättet ihr zwischendurch miteinander gesprochen, hättest du von deiner Freundin erfahren, dass sie den gestreiften Stoff, den sie für den Tiger benutzen will, erst bestellen musste und es Lieferschwierigkeiten gab. Sie hat dein Wissen darum vorausgesetzt, dass nicht alle Materialien immer sofort verfügbar sind, und du bist davon ausgegangen, dass sie sich meldet, wenn es Verzögerungen gibt. Diese Missverständnisse hättet ihr verhindern können, wenn ihr mehr kommuniziert hättet, um euch abzustimmen.

Offenheit

Wenn einer von euch beiden sich über das Verhalten des anderen ärgert oder eigentlich nicht gewillt ist, das eine oder andere zu tun, dann sollte derjenige das offen ansprechen.

Wenn du aufgesetzt lächelst und dich für die Unterstützung bedankst, die eigentlich gar nicht dem entsprochen hat, was du dir erhofft hattest, dann ist das weder wertschätzend noch zielführend. Gib lieber frühzeitig ein ehrliches Feedback, wenn dein Helfer nicht das tut, was du erwartet hast.

Genauso solltest du, wenn du in der helfenden Rolle bist, ehrlich sein, wenn die Ansprüche und Erwartungen desjenigen, der dich um Hilfe gebeten hat, zu hoch gesteckt oder nicht stimmig für dich sind.

Diese Offenheit spart euch Zeit und Energie, außerdem rettet sie eure Beziehung. Denn wenn beide am Ende frustriert auseinandergehen, weil die nervigen Unzufriedenheiten unter den Teppich gekehrt wurden, wird das eurer Freundschaft oder kollegialen Zusammenarbeit schaden.

Ohne Anstrengung

Wir glauben manchmal, dass Dinge schwer und anstrengend sein müssen, damit sie etwas wert sind. Oder dass es keinen leichten Weg gibt. Ich bin ein großer Verfechter der Leichtigkeit! Meine Erfahrung ist, dass wir uns gerade, wenn wir uns mit etwas schwertun, einen Moment nehmen sollten, um zu überlegen, wie wir neue Leichtigkeit und damit neuen Schwung in die Sache bringen.

Sei es durch eine kurze Pause, einen kleinen Snack, schöne Musik, einen spontanen Freestyle-Tanz, ein Gespräch mit einem guten Freund, eine Kuscheleinheit mit

Hund, Katze oder Goldfisch oder die Entscheidung, die Situation leichter zu nehmen.

»Die Situation einfach leichter nehmen? Wenn das immer so einfach ginge! Das Leben ist nun mal manchmal hart!«, denkst du jetzt vielleicht. Grundsätzlich gilt: »Eine Sache oder eine Situation hat erst mal keine Bedeutung, wir geben sie ihr.« Wenn der Wecker um vier Uhr morgens klingelt, heißt das erst mal gar nichts. Erst durch deine Einstellung dazu schaffst du eine Bedeutung. Wenn du denkst: »Es ist doch so früh, warum kann ich nicht einfach liegen bleiben?«, dann hat das Weckerklingeln eine negative Wirkung. Wenn du dagegen denkst: »Vier Uhr! Ganz schön früh, aber ich habe mich ja bewusst entschieden, jetzt aufzustehen, um all das zu schaffen, was ich schaffen möchte!«, dann wird das Aufstehen leichter.

Gerade in der Kooperation mit deinem Unterstützer solltest du für Leichtigkeit sorgen ... und ich meine wirklich echte Leichtigkeit und keine gespielte. Wenn du deinen Helfer zum Abladen deiner Sorgen benutzt und dich förmlich an ihn hängst, wird er das nicht lange mitmachen. Zumindest werdet ihr langsamer vorankommen.

Deshalb: Halte dir dein motivierendes Ziel vor Augen, für dessen Erreichung du dir die Unterstützung geholt hast, und sorge für möglichst viel Spaß und Leichtigkeit auf dem gemeinsamen Weg.

Falls dir komplett die Leichtigkeit fehlt, wenn du daran denkst, wofür du das alles tust, dann solltest du dich fragen, wie attraktiv deine anvisierten Ziele für dich selbst sind. Möglicherweise ist es dann sinnvoll, wenn du sie noch mal mit den Tools aus dem Abschnitt »Power-Booster #1: Clarity – Klarheit« nachschärfst.

Partnerschaft

Eine gute Synergie ist ein Geben und Nehmen. Unter dem Strich sollten beide etwas davon haben. Das bedeutet nicht, dass es immer sofort einen Ausgleich geben muss, zumindest solltest du aber das Bewusstsein haben, dass du dem anderen noch etwas schuldig bist. Erst letztens habe ich einen befreundeten Toningenieur gebeten, mir ein passendes Soundprofil mit Equalizer und Kompressor für mein neues Mikrofon einzustellen. Für mich war es selbstverständlich, ihn als Zeichen des partnerschaftlichen Umgangs und der Synergie zu fragen, womit ich mich revanchieren kann. Dominik hat kurz überlegt und hatte zwar aktuell kein Anliegen, bei dem ich ihm helfen konnte, doch wird er auf mich zukommen, wenn es so weit ist.

Grundsätzlich solltest du deinen Unterstützern mit einer wertschätzenden Haltung begegnen. Dabei geht es gar nicht darum, dem anderen hundertmal »Danke« zu sagen oder ihn mit Geschenken zu überhäufen. Wenn du mit einer dankbaren Einstellung an die Sache gehst, wird der andere es spüren und dir gerne helfen. Wenn du dagegen die ganze Zeit denkst: »Der soll einfach die Sachen erledigen, um die ich ihn gebeten habe, und mich dann in Ruhe lassen!«, dann wird das dein Unterstützer spüren, und seine Motivation wird sinken.

Genauso solltest du, wenn du auf der helfenden Seite bist, die Augenhöhe bewahren. Mach dich nicht größer als derjenige, der dich um Unterstützung gebeten hat, indem du dich als Retter aufspielst. Ebenso wenig solltest du dich kleiner machen und glauben, du müsstest dankbar dafür sein, dass du helfen darfst. Du trägst zum Erfolg des anderen bei und bist daher wertvoll für ihn!

Jetzt hast du alle Grundlagen, die du brauchst, um durch-zustarten: Du weißt, was dir Energie gibt, und kennst die drei Power-Booster (Clarity, Curiosity und Cooperation) für Extra-Power. Im dritten und letzten Teil gebe ich dir Ideen mit, wie du all das in deinen Alltag integrieren kannst.

TEIL 3
Die Powerstrategie
im Alltag

In diesem Teil des Buchs gebe ich dir
ein System an die Hand, mit dem du
die neue Art, mit deiner Energie zu
haushalten, einfach in deinen Alltag
integrieren kannst.

Dein Energie-Check

Im Alltag sind wir oft so mit dem beschäftigt, was wir gerade tun, dass wir gar nicht mitbekommen, wenn unsere Energie zur Neige geht. Erst wenn wir schon »kurz vor Reserve« sind, trifft uns »das Hämmerchen«, und wir bemerken, dass wir mitten in einem Leistungstief stecken.

Damit dir das nicht passiert und du vorbeugen kannst, ist es schlau, ab und zu auf deinen aktuellen Energielevel zu schauen. Diese Form der Achtsamkeit ist ein entscheidender Faktor der »Powerstrategie«. Je bewusster du dir über deine Energiereserven bist, desto größer ist der Einfluss, den du darauf nehmen kannst.

Ich möchte dir zwei Tools vorstellen, mit denen du dir ein schnelles Bild über deinen aktuellen Energiestatus machen kannst:

Tool »Energie-Daumen«

Rational zu beschreiben und zu erkennen, wie hoch unser Energielevel gerade ist, fällt schwer. Es ist eher eine Gefühlssache. Aus diesem Grund habe ich eine Methode entwickelt, bei der du deinen Daumen wie den Zeiger einer Tankanzeige nutzen kannst, um dir zu verdeutlichen, wie es mit deinem Energielevel gerade aussieht.

Wichtig bei der Umsetzung ist, dass du nicht groß nachdenkst, welche Position deines Daumens wohl gerade die richtige ist, sondern einfach nur deinem Gefühl folgst.

Die Methode funktioniert so:

1. Balle eine Hand zur Faust und klappe den Daumen nach oben raus. Halte deinen Arm jetzt so, dass du deinen Daumen ungefähr auf Augenhöhe vor dir hast.
2. Fokussiere deinen Daumen.
3. Drehe deine Faust nun so, dass der Daumen ganz nach unten zeigt. Das steht für »Ich habe gar keine Energie mehr«.
4. Jetzt drehe deine Hand langsam so zurück, dass der Daumen wieder senkrecht nach oben zeigt. Diese Position bedeutet »Ich bin voller Energie«.

Schritt drei und vier waren sozusagen die Eichung deiner Energieanzeige. Jetzt geht es zur eigentlichen »Messung«:

1. Drehe deine Faust ein paarmal langsam zwischen diesen beiden Positionen hin und her. Wichtig ist, dass du eine Arm- und Handhaltung findest, in der die Drehung leichtfällt. Irgendwo auf dem Radius zwischen »keine Energie« und »volle Energie« wird sich die Position deines Daumens für dich stimmig anfühlen. Probier es am besten direkt mal selbst aus, und du wirst verstehen, was ich meine. Es ist so ein Gefühl von: »Das ist die richtige Position.«
2. Durch diese Visualisierung deines Energielevels bekommst du im wahrsten Sinne des Wortes ein besseres Selbstbewusstsein.

Als nächsten Schritt kannst du überlegen, was du brauchst, damit dein Daumen sich weiter nach oben dreht. Was hat dir vielleicht in der Vergangenheit schon geholfen, neue Energie zu tanken?

Sollte dein Daumen schon sehr weit oben sein, dann nutze diese Erkenntnis, um dir bewusst zu machen: »Wie habe ich es geschafft, so gut mit meiner Energie zu haushalten?« Diese Selbstreflexion hilft dir, in Zukunft noch mehr positiven Einfluss auf deinen Energielevel zu nehmen.

Hier die zweite Methode, mit der du schnell deinen aktuellen Energielevel checken kannst:

Tool »Atem-Feedback«

Unser Atem sorgt nicht nur für die lebenswichtige Versorgung unseres Systems mit Sauerstoff, sondern er ist auch ein Spiegel unseres Energielevels.

Wenn wir uns fit fühlen, atmen wir kraftvoll, entspannt und tief. Haben wir dagegen Stress oder sind überfordert, so atmen wir entweder schwach, schnell und flach oder wir atmen sogar so gut wie gar nicht mehr.

Dieses Phänomen kannst du ab jetzt bewusst nutzen.

Achte regelmäßig darauf, was dein Atem macht, und bewerte ihn nach folgenden Kriterien:

Atmest du eher in den Bauch oder in die Brust?

Bauchatmung = + 1
Brustatmung = – 1

Atmest du tief oder flach?

Tiefe Atmung = + 1
Flache Atmung = – 1

Atmest du langsam oder schnell?

Langsame Atmung = + 1
Schnelle Atmung = – 1

Die Summe der Punkte zeigt dir, wie es um deine Energie gerade bestellt ist. Bist du im negativen Bereich, dann verbrennst du zu viel Energie. Befindest du dich im Positiven, dann haushaltest du gut mit deiner Kraft.

Deinen Atem kannst du nicht nur zur Analyse deiner Energiereserven nutzen, sondern auch, um sie ein wenig aufzufüllen:

 Tool »Kräftigende Atmung«

Genauso wie eine tiefe, ruhige Bauchatmung sich von alleine einstellt, wenn du in deiner Kraft bist, kannst du auch über eine bewusst provozierte Bauchatmung Kraft tanken.
Und das geht so:

1. Lege eine Hand auf deinen Bauch.
2. Lenke deinen Atem zu deiner Hand. Das sorgt dafür, dass du automatisch in den Bauch atmest. Das heißt, er hebt sich beim Einatmen und senkt sich beim Ausatmen.
3. Bleibe mit deinem Fokus bei deiner Atmung. Du kannst dabei auch die Augen schließen.
4. Atme immer doppelt so lange aus wie ein – also zum Beispiel drei Sekunden ein und sechs Sekunden aus.

Es reicht, wenn du diese Technik für ein bis zwei Minuten anwendest, damit du dich wieder entspannter und kraftvoller fühlst.

Um noch besser mit deiner Energie zu haushalten, empfehle ich dir, ein »Energielogbuch« zu führen. Mehr dazu auf der nächsten Seite.

Dein Energielogbuch

Auf jedem Schiff ist es Pflicht, ein sogenanntes »Logbuch« zu führen. Darin wird chronologisch notiert, welche Route das Schiff gefahren ist, mit welcher Geschwindigkeit, welche Häfen angelaufen wurden, wann geankert wurde, was es für besondere Vorkommnisse gab und so weiter. Dadurch kann die Besatzung zum Beispiel im Fall eines Unfalls oder einer Panne nachvollziehen, wie es dazu kommen konnte, und daraus lernen, um es in Zukunft besser zu machen. Das Gleiche gilt übrigens auch in der Luftfahrt, hier heißt es dann »Flight Logbook« oder auf Deutsch »Flugbuch«.

Ebendieses Prinzip kannst du für dich nutzen, um dir mit der Zeit bewusster zu werden, wie du deine Power immer effizienter nutzen kannst. Dadurch, dass du ein schriftliches »Energielogbuch« führst, setzt du dich bewusster damit auseinander, ob du noch auf dem richtigen Kurs bist, wie es um deine Energiebilanz steht und was du schon gut machst oder besser machen kannst.

Auf den nächsten Seiten möchte ich dir mein Konzept eines Energielogbuchs vorstellen. Um es umzusetzen, brauchst du nichts weiter als ein Notizbuch oder eine

Kladde, die du nur für diesen Zweck nutzt. Sie sollte mindestens im Format DIN A5 sein und mehr als 50 Seiten haben, damit du genug Platz für deine Einträge hast.

Dein Logbuch ist in zwei Teile unterteilt:

Basis-Teil
Auf den ersten Seiten erstellst du eine Übersicht deiner grundsätzlichen Ziele, Werte, Energiespender und deiner Morgenroutine.

Täglicher Teil
Das sind deine täglichen Eintragungen, die du jeden Abend und jeden Morgen machst. Falls dich jetzt allein der Gedanke daran, jeden Tag zweimal Logbuch zu führen, stresst: Du wirst sehen, dass es schnell zur Routine wird, und zudem musst du nicht viel schreiben, um trotzdem den Nutzen zu spüren.

Der Basis-Teil

Ihn musst du nur einmal ausfüllen. Dennoch solltest du immer mal wieder dorthin zurückblättern, um dir deine grundsätzlichen Gedanken zu deinen Energiespendern in Erinnerung zu rufen und sie zu verfeinern, zu ändern oder zu ergänzen.

Basis-Eintrag 1: Deine Ziele

Wie im Teil »Power-Booster #1: Clarity – Klarheit« beschrieben, ist es wichtig, dass du dir über deine Ziele bewusst bist. Sie geben dir Orientierung, vermitteln dir den Sinn deines Tuns und geben dir damit Kraft. Daher sind sie aus meiner Sicht eine wichtige Grundlage deines Energielogbuchs.

Nimm dir die Zeit, sie schriftlich zu definieren. Blättere dazu auch gerne noch mal zurück zu den entsprechenden Kapiteln hier im Buch, sie werden dir dabei helfen.

Wenn du später ab und zu wieder einen Blick auf diese Seiten wirfst, fällt es dir leichter, zu überprüfen, ob du noch auf dem richtigen Weg bist oder ob sich vielleicht das eine oder andere Ziel bei dir verändert hat.

In der folgenden Grafik siehst du exemplarisch drei meiner aktuell wichtigsten Ziele:

MEINE ZIELE

> Menschen in ihre Kraft bringen

> Bessere Führung fördern

> Moderne Mentalprogramme
  entwickeln

Basis-Eintrag 2: Deine Werte

Du weißt ja inzwischen, dass du kraftvoller und erfolgreicher unterwegs bist, wenn deine Werte erfüllt sind. Deswegen gehören sie auch hier in dein Energielogbuch, sodass du immer wieder reflektieren kannst, ob du gerade nach ihnen lebst und wie du sie noch stärker für dich nutzen kannst. Manchmal fällt dir vielleicht erst nach Längerem auf, dass du einen deiner wichtigsten Werte gar nicht notiert hattest. Ergänze ihn dann einfach.

Hier siehst du als Beispiel einen Teil meiner wichtigsten Werte:

MEINE WERTE

1. Freiheit
2. Wertschätzung
3. Leichtigkeit
4. Effizienz
5. Harmonie
6. Sicherheit

Basis-Eintrag 3: Deine SOS-Energiespender

Es ist paradox, aber gerade wenn wir gestresst und am Limit sind, fällt es uns schwer, uns Gedanken darüber zu machen, wie wir wieder Energie tanken könnten. Dieses Phänomen kennst du auch, oder?

Genau für diese Fälle solltest du dir eine Liste mit »SOS-Energiespendern« zusammenstellen. Im Fall der Fälle kannst du dich dann schnell daran erinnern, was dir jetzt neue Kraft geben könnte. In der Grafik siehst du ein paar Beispiele:

MEINE SOS-ENERGIESPENDER

Aktionen	Menschen
Schlafen	Bernd
Sport	Steffi
Yoga	Ma
Marzipan essen	Dad
Musik hören	Bäckersfrau
Sudoko lösen	Herr Kaschulnke

Diese Liste wird zu einem echten Schatz für dich, wenn du sie immer wieder aktualisierst. Mit der Zeit werden dir immer mehr Dinge ein- und auffallen, die dir Kraft geben. Damit du genug Raum dafür hast, solltest du hinter deiner anfänglichen SOS-Liste ein paar Seiten zusätzlich frei lassen.

Basis-Eintrag 4: Deine Morgenroutine

Als letzten Eintrag für den Basis-Teil empfehle ich dir, deine Morgenroutine zu notieren. Warum die so wirkungsvoll für deine positive Energiebilanz ist, weißt du ja schon aus dem entsprechenden Kapitel.

MEINE MORGENROUTINE

1 Glas warmes Wasser trinken

10 Minuten ~~Radio~~ hören
              Musik

20 Minuten Yoga

Badezimmer

Frühstück + "Morning Check" in meinem Energielogbuch ausfüllen

~~Zu Fuß ins Büro~~
Mit dem Rad ins Büro

Diese Notiz ist ein »lebendiges Dokument«, da sich deine Morgenroutine von Zeit zu Zeit ändern wird. Passe sie dann, wie in der Grafik veranschaulicht, einfach an.

Auch hier empfiehlt es sich, dass du danach ein paar Seiten frei lässt, um Platz zu haben, falls du deinen morgendlichen Ablauf noch mal komplett neu und verändert aufschreiben möchtest.

Der tägliche Teil

Jetzt beginnt der Bereich mit dem eigentlichen Logbuch, in dem du täglich spannende Erkenntnisse über deinen Energiehaushalt sammelst. Los geht es mit dem »Evening-Check«:

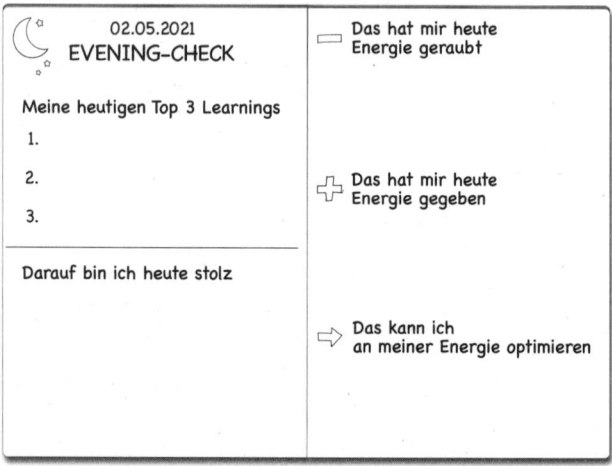

Um den Tag ausklingen zu lassen und im wahrsten Sinne des Wortes zu dir zu kommen, empfehle ich dir eine abendliche Reflexionseinheit nach der Struktur, wie du sie in der Grafik siehst. Die Bestandteile des »Evening-Checks« sind:

Das aktuelle Datum
Damit du später einen zeitlichen Bezug hast, wenn du noch mal durch dein Logbuch blätterst.

»Meine heutigen Top 3 Learnings«
Neugier und neues Wissen sorgen dafür, dass wir wachsen und lernen. Je mehr du weißt, desto souveräner und kraft-

voller kannst du durch dein Leben gehen. Leider übersehen wir oft, was der Tag uns für neue Erkenntnisse gebracht hat, genau deshalb solltest du dir jeden Abend kurz notieren, was deine drei größten Erkenntnisse des Tages waren. Und wenn dir bloß zwei einfallen, ist das auch okay – nur keinen Stress.

»Darauf bin ich heute stolz«

Wenn ich dich frage, was dir heute nicht so gut gelungen ist, wird dir wahrscheinlich leichter eine Antwort einfallen als auf die Frage, worauf du heute stolz bist. Dabei ist es so wichtig, dass du dich selbst mehr zu schätzen weißt, denn auch das gibt dir positive Energie.

Selbst wenn du niemals anderen davon erzählen würdest, worauf du stolz bist: Deinem Energielogbuch kannst du es anvertrauen. Durch das Niederschreiben machst du dir bewusst, was du alles schon auf dem Kasten hast und welche neuen Grenzen du heute wieder überwinden konntest.

»Das hat mir heute Energie geraubt«

Nach dem Motto »Gefahr erkannt, Gefahr gebannt« hilft dir diese Reflexion, mit der Zeit immer mehr Energieräuber zu erkennen. Das können Situationen, Tätigkeiten oder Menschen sein.

»Das hat mir heute Energie gegeben«

Hier machst du dir bewusst, welche altbewährten Energiequellen du heute genutzt und welche neuen du entdeckst hast. Notiere dir an dieser Stelle, wie du dir selbst einen Energieschub gegeben hast und welche äußeren Einflüsse dafür gesorgt haben.

Diese Erkenntnisse können dir auch neue Impulse für deine Liste mit den »SOS-Energiespendern« im ersten Teil deines Logbuchs geben.

»Das kann ich an meiner Energie optimieren«
Hier ist Platz für deine Essenz aus den letzten beiden Punkten: Wie kannst du die heutigen Erfahrungen in Bezug auf Energieräuber und -spender für dich nutzen, um deine Energiebilanz in Zukunft zu verbessern?

Abschließend kannst du auch noch den ersten Punkt des »Morning-Checks« ausfüllen. Das kannst du aber ebenso gut auch am nächsten Morgen tun, je nachdem, was für dich mehr Sinn ergibt.

03.05.2021
MORNING-CHECK

Meine 3 wichtigsten Aufgaben für heute
1.

2.

3.

Darauf bin ich heute besonders neugierig

Wenn du bewusst in den Tag startest, schaffst du eine gute Grundlage, um viel auf die Beine zu stellen. Neben der Morgenroutine kann dir auch ein kurzer »Morning-Check« in deinem Energielogbuch helfen. Dazu reichen diese kurzen Einträge:

Das aktuelle Datum
Genauso wie beim »Evening-Check« hilft es dir, wenn du deinen Eintrag auch später noch zeitlich einordnen kannst.

»Meine 3 wichtigsten Aufgaben für heute«
Diese Reflexion hilft dir, dich klar für den Tag auszurichten und deine Prioritäten zu setzen. Die dadurch gewonnene Klarheit wird dir viel Energie sparen.

Wie zuvor angedeutet, kannst du dir überlegen, ob es für dich nützlicher ist, wenn du diesen Punkt schon am Vorabend ausfüllst. Für manche ist es befreiend, sich schon am Abend einen kleinen Plan für den nächsten Tag zu machen, weil sie dann entspannter einschlafen können.

Vielleicht gehörst du auch zu denen, die sich lieber erst morgens Gedanken über den Fokus des Tages machen, weil sie dann einen klareren Kopf haben.

Entscheide einfach, was du als wirkungs- und sinnvoller empfindest.

»Darauf bin ich heute besonders neugierig«
Je aktiver du deinen Tag gestaltest, desto weniger fühlst du dich als Opfer der Umstände und desto energetischer wirst du agieren. Ein Weg ist, Herausforderungen mit Neugier zu begegnen. Du könntest hier also so etwas schreiben wie:

»Ich bin neugierig, wie ich heute Projekt X trotz der Kürze der Zeit fertig bekomme.«

»Ich bin neugierig, wie heute die Kollegen drauf sind.«

»Ich bin neugierig, was heute an spontanen Aufgaben dazukommt.«

Entscheidend ist nur, dass du Dinge findest, auf die du wirklich neugierig bist, egal wie groß oder klein sie sind.

Mein Tipp: Fang einfach mit diesem Grundkonzept des »Energielogbuchs« an und schau, wie es für dich funktioniert. Du kannst es immer nach deinen Bedürfnissen anpassen, durch zusätzliche oder leicht geänderte Fragen, eine Reduktion oder andere Dinge, die es für dich nützlicher machen. Denn darum geht es: Es soll dir helfen, mit mehr Energie durch den Tag zu gehen.

Damit sind wir schon fast am Ende ... also, mit diesem Buch. Ich hoffe, mit deiner Energie bist du noch lange nicht am Ende, sondern hast durch die Lektüre neue kraftvolle Impulse gewonnen. Um dich nicht lange aufzuhalten, kommt jetzt das Schlusswort, und dann: Leg los!

Nachwort

Vielleicht scharrst du jetzt schon mit den Hufen, um erste Erkenntnisse aus diesem Buch umzusetzen. Möglicherweise bist du gerade auch zu erschöpft, um auch nur irgendetwas davon zu tun. Lass mich dir in diesem Fall Hoffnung machen: Wenn du dich aufraffst und auch nur an ein paar Stellen mehr auf deine Energiebilanz achtest, wirst du schon bald einen positiven Unterschied spüren. Deshalb lohnt es sich, wenn du deine letzten Kraftreserven zusammenkratzt, um etwas zu ändern.

Noch ein wichtiger Gedanke zum Schluss: Geh mit Spaß an die Sache ran! Wenn du die Dinge, die ich hier vermittelt habe, als Pflichtprogramm siehst, dann kostet dich das zu viel Energie. Nimmst du das Ganze dagegen als Chance wahr und hast Lust darauf, den neuen Weg auszuprobieren, steigt nicht nur die Wahrscheinlichkeit, dass du damit erfolgreich bist, sondern du wirst allein durch diese positive Haltung einen Energieschub bekommen.

Erlaube dir dabei auch mal Tage, an denen du nicht so vor Energie sprühst. Das gehört einfach dazu. Ich hüpfe auch nicht jeden Tag wie ein grinsender Flummi durch die

Gegend. Auch ich lerne ständig mehr darüber, wie ich noch achtsamer und wirkungsvoller mit meiner Energie umgehen kann. Also sei nachsichtig mit dir, wenn nicht direkt alles klappt.

Ich bin gespannt, welche positiven Veränderungen du durch die »Powerstrategie« spürst. Schreib mir sehr gerne dazu eine Nachricht. Meine Kontaktdaten findest du auf meiner Homepage www.mathias-fischedick.de.

Und jetzt wünsche ich dir viel Erfolg bei deinem Vorhaben, in Zukunft mehr zu schaffen, ohne geschafft zu sein.

Danke

Wusstest du, dass Dankbarkeit auch eine gute Kraftquelle ist? Sie hinterlässt nicht nur ein positives Gefühl bei demjenigen, dem wir Wertschätzung zeigen, sondern auch bei uns selbst. Das liegt zum einen daran, dass wir die Freude des anderen über unsere dankbaren Worte oder Taten sehen. Außerdem machen wir uns durch den Ausdruck der Dankbarkeit bewusst, wie gut es uns geht.

Studien haben gezeigt: Wer dankbar ist, leidet seltener unter Ängsten, Ärger, Stress, Schlafstörungen, körperlichen Krankheitssymptomen und Depressionen. Außerdem stärkt Dankbarkeit die Qualität der Beziehungen zu unseren Mitmenschen.

Nicht nur deshalb, sondern auch aus voller Überzeugung möchte ich mich an dieser Stelle bei denjenigen bedanken, die dazu beigetragen haben, dass dieses Buch so geworden ist, wie du es in Händen hältst.

Als Erstes kommt mir da Anja Hänsel vom Piper Verlag in den Sinn. Liebe Anja, danke dir für die konstruktiven und spannenden Gespräche beim Feintunen des Themas.

Danke auch für die wieder so leichte und positive Zusammenarbeit vom Konzept bis zum fertigen Buch. Das ist unser zweites gemeinsames Werk nach *Überleben unter Kollegen*, und ich hoffe, nicht das letzte.

Danke auch an Anne Stadler und die anderen Entscheider bei Piper, dass ihr mir nun schon zum dritten Mal euer Vertrauen geschenkt habt.

Zu meinem absoluten »Dream-Team« gehört neben Anja und Anne in jedem Fall auch Dr. Bernd Slaghuis. Er war auch diesmal wieder »mein Mann mit dem Rotstift«, der die ersten Textfassungen unter die Lupe genommen und verbessert hat. Danke, Bernd, dass du deine Wochenenden dafür geopfert hast.

Für den Feinschliff der Texte hat Ulrike Gallwitz gesorgt. Ulrike war auch schon bei meinem vorletzten Buch *Wer es leicht nimmt, hat es leichter* als Lektorin dabei, und ich habe mich sehr gefreut, dass sie auch diesmal wieder an Bord war. Danke, Ulrike, für deine Arbeit, du hast das Buch textlich noch mal auf Hochglanz poliert.

Martin Reinl, der in meinen Augen beste Puppenspieler der Welt, war auch diesmal wieder im wahrsten Sinne des Wortes federführend beteiligt. Martin kann nämlich nicht nur tolle Puppen bauen und spielen, sondern auch extrem gut zeichnen. Danke, Martin, für deine Raketen, Schilder und all die anderen Zeichnungen.

Danke auch an Nico Gundlach und Mareike Landgrebe von der »Bestes Pferd im Stall GmbH & Co. KG«. Die beiden haben mir mit einem Kreativworkshop dabei geholfen, die Power-Strategie in Form zu bringen. Danke, Nico und Mareike, für den spannenden und inspirierenden Tag in euren außergewöhnlichen Räumen in Kassel. Ihr seid der beste Beweis dafür, dass Neugier eine große Kraft hat.

Und zu guter Letzt: Danke, Mama, danke, Papa! Als Freigeister habt ihr mir schon von klein auf gezeigt, wie viel wirkungsvoller gute Energie und kraftvolle Ideen sind als der perfekte Zeitplan, um viel zu erreichen. Ich könnte mir keine besseren Eltern vorstellen!

Anhang

Übersicht Tools

Beispiele für Werte

Abenteuer, Abwechslung, Achtsamkeit, Achtung, Aggressivität, Akribie, Aktualität, Akzeptanz, Altruismus, Anerkennung, Anpassungsfähigkeit, Anschluss, Anstand, Antrieb, Anwendbarkeit, Anziehungskraft, Aufgeschlossenheit, Aufopferung, Aufrichtigkeit, Ausbildung, Ausdauer, Ausdrucksfähigkeit, Ausgeglichenheit, Ausgelassenheit, Authentizität, Ästhetik

Bedachtsamkeit, Beflissenheit, Bedeutung, Befreiung, Begeisterung, Begierde, Beharrlichkeit, Beherrschung, Beliebtheit, Bereitschaft, Bereitwilligkeit, Bescheidenheit, Beschränkung, Besonnenheit, Bestätigung, Bestimmung, Bewusstsein, Bindung, Brauchbarkeit, Brillanz

Charisma, Charme, Coolness

Dankbarkeit, Demut, Dienst, Diplomatie, Diskretion, Disziplin, Dominanz, Dreistigkeit, Durchsetzungsvermögen/Durchsetzungskraft, Dynamik

Edelmut, Effektivität, Effizienz, Ehre, Ehrfurcht, Ehrgeiz, Ehrlichkeit, Eifer, Eigenständigkeit, Einfachheit, Einfallsreichtum, Einfluss, Einfühlsamkeit/Einfühlungsvermögen, Einheit, Einsamkeit, Einsicht, Einsichtigkeit, Einzigartigkeit, Ekstase, Elastizität, Eleganz, Empathie, Energie, Engagement, Entdeckung, Enthusiasmus, Entschlossenheit, Entschiedenheit, Entspannung, Erfahrung, Erfolg, Erfindungsreichtum/Erfindungsgabe, Erhabenheit, Erholung, Ermutigung, Ernsthaftigkeit, Errungenschaft, Ethik, Expertise, Extravaganz, Extraversion, Exzellenz

Fähigkeit, Fairness, Familie/Familiensinn, Faszination, Finanzielle Unabhängigkeit, Findigkeit, Fitness, Fleiß, Flexibilität, Flow, Fokus, Freiheit, Freizügigkeit, Freude, Freundlichkeit, Freundschaft, Frieden, Frohmut, Frohsinn, Frömmigkeit, Führung, Fülle, Furchtlosigkeit, Fürsorge

Gastfreundschaft, Geben, Gehorsam, Gelassenheit, Genauigkeit, Genügsamkeit, Genuss, Gerechtigkeit, Gerissenheit, Geschicklichkeit, Geschwindigkeit, Gemütlichkeit, Geselligkeit, Gesundheit, Gewandtheit, Gewinn, Gewissheit, Glaube, Glaubwürdigkeit, Glück/Glückseligkeit, Gnade, Großzügigkeit, Gründlichkeit, Güte, Gutmütigkeit

Harmonie, Hartnäckigkeit, Heiligkeit, Heimlichkeit, Heiterkeit, Herausforderung, Herkunft, Herz, Herzlichkeit, Hilfsbereitschaft, Hingabe, Hochgefühl, Hoffnung, Höflichkeit, Humor, Hygiene

Idealismus, Innovation, Inspiration, Integrität, Intelligenz, Intensität, Intimität, Introvertiertheit, Intuition

Jugendlichkeit

Kameradschaft, Klarheit, Klugheit, Komfort, Kommunikation, Kongruenz, Kontinuität, Kontrolle, Konzentration, Kooperation, Kreation, Kreativität, Kühnheit

Lebendigkeit, Lebenslanges Lernen, Lebhaftigkeit, Leidenschaft, Leistung, Liebe, Logik, Loyalität, Lust

Macht, Männlichkeit, Mäßigung, Meisterschaft, Milde, Minimalismus, Mitgefühl, Mode, Motivation, Mündigkeit, Mut

Nachdenklichkeit, Nachhaltigkeit, Nächstenliebe, Nähe, Neugier, Nutzen

Offenheit, Opportunismus, Optimismus, Optimierung, Ordnung/Ordnungsliebe, Organisation, Originalität

Perfektion, Persistenz, Pflege, Pflicht, Fantasie, Philanthropie, positives Denken, Potenz, Pragmatismus, Präsenz, Präzision, Privatsphäre, Proaktivität, Produktivität, Professionalität, Pünktlichkeit

Qual, Qualität, Querdenken

Raffinesse, Rätselhaftigkeit, Realismus, Reflexion, Reichhaltigkeit, Reichtum, Reife, Reinheit, Reinlichkeit, Religiosität, Respekt, Revolution, Ruhe, Ruhm

Sauberkeit, Scharfsinn, Schläue, Schönheit, Schöpfung, Schwung, Selbstbeherrschung, Selbstbeobachtung, Selbstentwicklung, Selbstliebe, Selbstlosigkeit, Selbstvertrauen, Sensitivität, Sexualität, Sicherheit, Signifikanz, Sinn, Sinnlichkeit, Sittsamkeit, Solidarität, Sorgfalt, Spannung, Sparsamkeit, Spaß, Spiritualität, Spontaneität, Stabilität, Stärke, Stille, Strebsamkeit, Strenge, Stringenz, Struktur, Sympathie, Synergie

Tapferkeit, Teamplay, Teilnahme, Tiefe, Toleranz, Tradition, Transzendenz, Treue, Tugend

Überfluss, Überlegenheit, Überraschung, Überzeugung, Umgänglichkeit, Unabhängigkeit, Unerschrockenheit, Unerschütterlichkeit, Unparteilichkeit, Unterhaltung, Unterstützung, Unterscheidung, Unverfälschtheit, Unvoreingenommenheit, Urteilsfähigkeit

Verantwortung, Verbindung, Vergebung, Verehrung, Vergnügen, Vermögen, Vernunft, Verspieltheit, Verständnis, Vertrauen, Vertrauenswürdigkeit, Verwandtschaft, Vielfalt, Vision, Vitalität, Vollendung

Wachsamkeit, Wachstum, Wahrheit, Wahrnehmung, Wärme, Weiblichkeit, Weisheit, Wertschätzung, Widerstandsfähigkeit, Wildheit, Widmung, Wirksamkeit, Wirtschaftlichkeit, Wissen, Wissensdurst, Witz, Wohlbefinden, Wohlgefallen, Wohlstand, Wohlwollen, Würde

Zeitlosigkeit, Zufriedenheit, Zugänglichkeit, Zugehörigkeit, Zuneigung, Zuverlässigkeit, Zweck

Wie man im Alltag Glück und Zufriedenheit findet

Massimo Pigliucci /
Gregory Lopez

Gelassen bleiben mit den Stoikern

52 Lektionen für ein gutes Leben

von Ralf Pannowitsch
Piper Paperback, 432 Seiten
€ 20,00 [D], € 20,60 [A]*
ISBN 978-3-492-06219-0

Die Antwort auf unsere täglichen kleinen und großen Sorgen liegt in der Philosophie der Stoiker. Dieses Buch vermittelt auf sehr praktische und zugängliche Weise die wichtigsten Erkenntnisse, Konzepte und Techniken des Stoizismus und macht sie nutzbar für jeden: In 52 Lektionen – für jede Woche eine – und vielen praktischen Übungen begleitet es die Leserinnen und Leser durch das Jahr und zeigt, wie sie den Schatz der stoischen Weisheit in ihrem eigenen Leben anwenden können.

PIPER

Leseproben, E-Books und mehr unter www.piper.de

Hängematte statt Arbeits-marathon!

Gunter Frank / Maja Storch

Die Mañana-Kompetenz

Wer Pausen macht, hat mehr vom Leben, Komplett überarbeitete Neuausgabe – mit Praxistest

Piper Paperback, 240 Seiten
€ 18,00 [D], € 18,50 [A]*
ISBN 978-3-492-06245-9

Nach einem langen Tag immer noch jede Menge Aktion auf der To-do-Liste und nicht mal nachts das Gefühl, alles erledigt zu haben? Als Ausgleich machen wir montags Yoga, mittwochs Familien-abend und haben freitags Sex. Wir sind erfolgreich und organisiert, aber unglücklich und erschöpft. Kein Wunder, sagen Gunter Frank und Maja Storch: Wir brauchen mehr Mañana-Kompetenz – die Fähigkeit, einfach mal abzuschalten, statt rund um die Uhr verfügbar zu sein.

PIPER